1日1分！英単語
―ニュアンスが決め手！ネイティブならこう使う―

片岡文子

祥伝社黄金文庫

編集部注	本書は、メールマガジン「決め手はボキャブラリー!豊かな語彙を身につける方法」2004年3月から2005年2月までの記事の中から厳選し、新規原稿を加えて再構成したものである。
編集協力	(株) 編集館
本文デザイン	内藤裕之

まえがき

　わたしは、十数年前に英語の専門学校を卒業して以来、ずっと独学で英語を学んできました。そして、自分なりに悪戦苦闘するなかで、もっともネックになるのは「語彙」、つまりボキャブラリーであることをたびたび実感してきました。どんなに耳が英語に慣れても、どんなに英語を話す度胸があっても、文章の基本的な単位である「単語」を知らなければ、相手の言っていることを理解することも、自分の言いたいことを表現することもできません。

　日本初の日英同時通訳者として、アポロ11号の月面着陸時にも活躍された村松増美先生も、「英語でコミュニケーションするときは、発音ばかりに気をとられるのではなく、まず、話の内容をよりよく伝えるボキャブラリーに注目したほうが得策です」と言っておられます（『伝える力』 久恒啓一著　すばる舎より）。

「語彙力」を身につけることは、英語でのコミュニケーションにおいては何にも増して絶対必要ですし、さらに練習や繰り返しで何とかなる「リスニング」「スピーキング」「文法」よりもはるかに時間と労力がかかるため、ボキャブラリー強化はまさに「英語学習のメイン」ともいえるものなのです。

　とはいえ、「語彙力をつけろ」「ボキャブラリーを増やせ」と言っても、それは、小難しい専門用語やスラングなどの流行言葉をたくさん覚えればいい、ということではあ

りません。必要なのは、ある事柄や気持ちを的確に伝えるための単語を知っていること、そして、それらのさまざまな単語や熟語を使いこなす英語の「表現力」なのです。

いわゆる「単語本」というものは、すでに世の中にたくさん出ています。でも、そのほとんどは、ただ一定の条件にしたがって単語を集め、並べたもの。単に「言葉をたくさん覚える」だけではなくて、「表現力」や「ニュアンス」など、実践で必要とされ、生かせる単語の身につけ方を追求したいと思いました。

かくして、2004年3月、誕生したのが、この本のもとになったメルマガ「決めボキャ」こと「決め手はボキャブラリー！」です。わたしが目をつけたのは「類義語で展開する」というアプローチでした。

「ごめんなさい」を「I'm sorry.」と覚えたら、いつでもどこでも誰に対しても、「ごめんなさい」も「申し訳ありません」も「失礼いたしました」も、「I'm sorry.」で済ませてしまう。最低限のコミュニケーションはできるかもしれませんが、仕事上のやりとりや社会的な交流など、「実践的」な場ではそれでは使えません。

そこで、同じような意味の単語を集め、1週間（5日間）かけて、ニュアンスの違い、使われる場面の違い、使う相手の違いなど、単語と単語の「違い」を明らかにすることによって、実践で使い分け、的確表現ができるように、工夫しました。そして、この英語の「ニュアンス」をつかむうえで欠かせない「英英辞典」の定義を基にしていることも、このメルマガの大きな特徴です。

書籍化にあたっては、過去1年に扱った単語の中から30週分を選（え）り抜き、例文を充実させ、オマケの単語をプラスし、さらには復習テスト、コラムを加えて、ボキャブラリーの徹底学習を目指しました。一方で、「メルマガらしさ」を消してしまうことなく、生き生きとした文章や顔文字を残し、メルマガと同じように、1日1単語、1週間で5単語をカバーしていく、というシステムを生かしました。

　忙しい方でも、1日に見開き2ページを読むだけで、その日の単語を学ぶことができます。週末など時間があるときには、復習テストを活用してください。比較的時間がある方、上級の方、あるいは熱心な方は、1～2週間分をまとめて読まれるかもしれません。もちろんそれでも結構です。かなり読みごたえがあるはずです。

　以上のように、この「1日1分！英単語」は、著者であるわたし自身が見ても、とても「贅沢（ぜいたく）」な自信作です。長年英語で苦労してこられた方、最近英語を始められた方、あるいはこれまでの勉強に行き詰まってしまった方にも、きっとお役立ていただけることと確信しています。この本が、あなたの「英語力促進剤」となることを願っています！

2005年5月
片岡文子

Contents

1日1分！英単語

まえがき・・・・・・・・・・・・・・・・・・・・・・・・・003

この本の使い方・・・・・・・・・・・・・・・・・・・010

読者の声、ご紹介します・・・・・・・・・・・・・011

第1週　sensitiveとその仲間たち・・・・013

第2週　disturbとその仲間たち・・・・・・025

第3週　travelとその仲間たち・・・・・・・037

第4週　sometimesとその仲間たち・・・049

第5週　furiousとその仲間たち・・・・・・061

●独学で英語をモノにするために
目標は3段階ある・・・・・・・・・・・・・・・・・073

第6週 clumsyとその仲間たち・・・・・・075

第7週 fightとその仲間たち・・・・・・・・087

第8週 hang in thereとその仲間たち 099

第9週 give inとその仲間たち・・・・・・・111

第10週 be sure toとその仲間たち・・123

●独学で英語をモノにするために
英会話スクールに行かなくても・・・・・・135

第11週 okayとその仲間たち・・・・・・・・137

第12週 come up withと
その仲間たち・・・・・・・・・・・・149

第13週 I see.とその仲間たち・・・・・・161

第14週	probablyとその仲間たち・・・173
第15週	That's right.とその仲間たち 185

●独学で英語をモノにするために
メルマガの効能・・・・・・・・・・・・・197

第16週	problemとその仲間たち・・・・199
第17週	optimisticとその仲間たち・・211
第18週	figure outとその仲間たち・・223
第19週	on edgeとその仲間たち・・・235
第20週	standとその仲間たち・・・・・247

●独学で英語をモノにするために
単語を増やす芋づるメソッド 1・・・・・・259

第21週　confirmとその仲間たち・・・261

第22週	funとその仲間たち・・・・・・・・ 273
第23週	effectとその仲間たち・・・・・ 285
第24週	wholeとその仲間たち・・・・・ 297
第25週	trainとその仲間たち・・・・・・ 309

●独学で英語をモノにするために
単語を増やす芋づるメソッド 2・・・・・・ 321

第26週	sceneryとその仲間たち・・・ 323
第27週	knowとその仲間たち・・・・・・ 335
第28週	luckとその仲間たち・・・・・・ 347
第29週	strongとその仲間たち・・・・・ 359
第30週	errorとその仲間たち・・・・・ 371

索引 ・・・・・・・・・・・・・・・・・・・・ 383

この本の使い方

今日の単語……基本語彙 30 ワードとその類語を、1 週間単位で紹介しています。
1 単語について、見開き 2 ページ。合計 150 語を、語源や英英辞典の説明を交えてきめ細かく解説。
今日の例文……単語の使い方を例文で紹介しています。知識の確認ができます。
今日の単語、おかわり！……今日の例文に出てきた重要単語を紹介。ここで、語彙力がさらに UP します。
それぞれの単語には、使用頻度にあわせて * マークをつけています。
***…………よく使われる
**……………話題によっては使われることが多い
*………………あまり日常会話では使われないが、知っておいたほうがよい

なお、斜体や( )内は、省略可能な音です。
今週の単語 builder ……それぞれの週の最後に、ミニテストを置いています。
基本語彙とその類語が身についたかどうか、このページでチェック！
コラム「独学で英語をモノにするために」……「独学英語塾」の塾長である著者が、自ら実践しているノウハウを紹介しています。

読者の声、ご紹介します

　本書の原型である「決め手はボキャブラリー！豊かな語彙を身につける方法」は、毎日たくさんの人が購読している人気メールマガジンです。
　その方たちに、効果や面白さを教えてもらいました。参考にしていただけますと幸いです。
- 英語に関わる仕事をしていますが、適材適所な言葉を選び出すのは、辞書だけでは不可能です。辞書では「平面的」な意味しかくみ取れず、単語の「立体像」が浮かび上がってこないこともしばしば。そんなとき英語に接するかたわら、このメルマガで勉強しつつ単語力をつけています。（45歳・英語講師、通訳・女性）
- よく似た単語の違いを、イメージが浮かんでくる言葉でテンポよく説明してくれるので単語の持つニュアンスが伝わって、理解しやすいです。例文も豊富で、なるほどこうやって使おう、という気持ちにさせてくれるところが好きです。英英辞書を自分で引いてみたくなるところがすごい。（36歳・研究者・女性）
- 学校の授業や英和辞典ではわからない、英単語の具体的なニュアンスがわかるので、とても助かります。こんな違いがあったんだと驚きもあります。片岡さんの面白い表現も笑えます。（17歳・学生・男性）
- 学校では教えてくれない、辞書を見ただけでは理解できないことがとてもわかりやすく解説されているところが

気に入っています。「へ〜、そうなんだ〜！」を連発して楽しく読んでいます。(32歳・主婦)

- ●微妙にニュアンスの違いがそれぞれの単語にあるというのがわかると似通った意味の単語も覚えやすくなり、私のように英語上級者でなくとも自分の英文に少し自信が持てるようになりました。(38歳・会社員・女性)
- ●「決めボキャ」の解説は、きめがこまかく、言葉のイメージが摑（つか）みやすいです。そして例文を読むと、なるほど、と腑に落ちます。何度も繰り返して読みました。また、解説がとてもお茶目なので、ムズカしい内容も、面白く読めてしまいます。(51歳・フリー編集者・女性)
- ●某メーカーで実務翻訳の仕事に従事しております。ボキャブラリーはそれなりに頭の中に詰めこまれていると思いますが、いざ！というときに欲しいものを頭の中から取り出せないもどかしさがいつもあります。「決めボキャ」は、頭の中のボキャブラリーをすっきりと整理し、取り出しやすくしてくれます。(38歳・会社員・女性)
- ●英語の学習のコンテンツとして、いくつかメルマガを利用しています。単語の習得のためのメルマガはいくつもあるのですが、類義語を特集して、まとめて理解してもらおうというものは他にはなく、楽しく有意義に拝見させていただいています。(36歳・医師・男性)
- ●似た意味の単語を整理でき、しかも語源がちゃめっけたっぷりの説明でクリアになり、単語の使い分けに自信を持てるようになりました。実践で役立たせていただいております。(40歳・外資系会社員・男性)

第1週

sensitive とその仲間たち

《今週の単語》

sensitive
delicate
fragile
thin-skinned
touchy

馬術本（英語）で、「馬がいかに sensitive で fragile、かつ delicate であるか……」というくだりを読んでいて、うむ〜(´ ^ `)と納得した拍子に、「sensitive で fragile、かつ delicate……今週はこれでキマリだ！」と思いつきました。というわけで、今週は「敏感で壊れやすくて繊細」、その名も「取り扱い注意！シリーズ」（なんじゃそりゃ）でいってみたいと思います〜！

今週の
スタートは
"sensitive"

《今日の単語》

☞ sensitive

「敏感な」[sénsətiv]

「敏感」という日本語にも、良い意味と良くない意味とがあるように、英語の sensitive も、良い意味で敏感、というときと、ネガティブな意味で敏感（＝影響されやすい）というときの両方に使われます。

"able to understand other people's feelings and problems（他の人の感情や抱えている問題を察することのできる）"

第一義を見る限りは、良い意味の「敏感さ」、つまり、感度の良いアンテナが張り巡らされ、周囲の状況、特に人々の気持ちや悩みによく気づく、気を遣っている、という意味が挙げられています。
sensitive の基になる「sense」という語は、「感じる」という意味のラテン語が語源です。そして、何を感じるのか、ということになると、ここで挙げられている「人の感情、問題」が第一の対象というわけです。
この第一義で、a sensitive person といえば「気遣いのある人」という意味になり、a sensitive gift というと「心のこもった贈り物」ということになります。さらに、a sensitive decision は「配慮のある決断」、a sensitive word は、「思いやりのある一言」。
こう見ると、一言で「敏感な」というにはもったいない（？）深みがある言葉ですね。この「周りに対してアンテナを張っている」という意味の sensitive に前置詞 to をつけて、「～に対して敏

感な」という言い方があります。

Parents must always be sensitive to their child's needs.（親は、子供の必要に常に敏感でなければならない）

という具合です。

この「アンテナを張っている」に続いて、第二義に挙がっているのは、ややネガティブな意味。

"easily hurt, upset, or offended by things that people say（人の言うことに簡単に傷ついたり、機嫌が悪くなったり、カッとなる）"

うーん。扱いの難しいタイプの sensitive ですね。こうなると、

He's a very sensitive person.（彼はとても繊細な人です）

といった場合、どういう意味の sensitive か、というのが非常に大事な気がしませんか？ ですので、「sensitive」と言った人が意味する sensitive と、受け取った人の考える sensitive が食い違わないように、追加説明をするとよいでしょう。

《今日の例文》

He's a very sensitive person. He always gives kind words to everybody.

彼、とても繊細な人なんです。いつもみんなに優しい言葉をかけてくれるんです。←良い意味の sensitive

He's a very sensitive person, so watch your tongue.

彼、とても敏感な人なんだ。だから、言葉には気をつけて。←第二義の sensitive

〈今週の単語　sensitive／delicate／fragile／thin-skinned／touchy〉　**015**

今週のスタートは"sensitive"

《今日の単語》

☞ delicate

「繊細な」[délikət]

"needing to be dealt with carefully or sensitively in order to avoid problems or failure(問題が起きたり失敗するのを避けるため、注意深く、または思いやりをもって扱う必要のある)"

　ここで注目！　なのが、昨日の「sensitive」で出てきた、「相手に対する思いやり」という良い意味が、「sensitively」という副詞で登場している点。そして、今日の「delicate」に関しては、相手方にその sensitive さを必要とする、というのが特徴です。
　つまり、sensitive に扱われる必要のあるものを delicate だ、というわけです。こう見ると、sensitive は「外部のものに対する反応」のことを言い、一方 delicate のほうは「そのものの質、特徴」のことを言っていることがわかります。
a delicate issue は「微妙な問題」、
a delicate stage は「際どい段階」、
a delicate situation は「難しい状況」といった具合になります。
　で、この「delicate」を人に当てはめると、

"someone who is delicate is hurt easily or easily becomes ill(delicate な人とは、すぐ傷ついたりすぐ体調が悪くなる人のことを言う)"

　となります。日本語の「デリケート」と似ていますが、それよりもややネガティブな、「暗」で「陰」なニュアンスといえます。

《今日の例文》

Careful with what you say, she's a delicate lady.
言葉に注意してね、彼女、傷つきやすいから。

I take great care in choosing food because my kid is quite delicate.
うちの子は体が弱いもので、食材の選択には細心の注意を払います。

《今日の単語、おかわり！》

*** careful with ~　　　　～に注意して
*** take care in ~ ing　　～するときに注意する
*** quite [kwait]　　　　かなり

〈今週の単語　sensitive ／ delicate ／ fragile ／ thin-skinned ／ touchy〉

今週の
スタートは
"sensitive"

《《今日の単語》》

☞ **fragile**

「もろい」[frǽdʒəl]

"not strong, and therefore easily broken or damaged（強くないために、簡単に壊れたり傷んだりする）"

　delicate と似ていますが、こちらのほうは質というよりも「つくり」が弱い、もろい、壊れやすい、といった感じ。
　たとえば、積み木で作ったお城は fragile＝すぐ壊れる、ですが、delicate というわけではありません。トランプで作ったタワーも、fragile ですが delicate ではない。
　そもそも、fragile という語は「割る」という意味のラテン語 frangere から来ており、組まれたものが壊れる、折れる、といった意味合いの「もろさ」を意味する単語です。
　よく、
FRAGILE. HANDLE WITH CARE.（こわれものにつき取り扱い注意）
　という注意書きがありますが、このような使い方からその意味がよくわかるのではないでしょうか。
　そして、この「fragile」を、人や他の生き物に使うこともできます。

"a fragile person looks thin and delicate and is often weak or likely to become ill（fragile な人とは、痩せてか弱い外見をしていて、また虚弱だったり病気になりやすいことが多い)"

昨日の delicate は主に体質や気持ちの話でしたが、fragile は「つくり」ということで、見た目や体型もワクに入るということですね。それこそ、吹いたら飛んでしまいそうな、とか、アチョーとふざけてやったつもりが骨折しちゃう？　ような、「もろい」「繊細な」人や生き物を指すわけです。また、体調に関して使う場合は、虚弱だったり病気がち、というニュアンスもあることを覚えておきましょう。

《《今日の例文》》

These antiquities are so fragile we need to handle them with utmost care.
これらの骨董品は非常にもろいため、最大限の注意を払って扱わなければならない。

Pat took an exam yesterday and is sick in bed from exhaustion today - she's super-fragile!
パットは昨日ある試験を受けたが、疲れ果てて今日は寝込んでいる　—　彼女は超虚弱なんだ。

《《今日の単語、おかわり！》》

* **antiquities** [æntíkwəti:z]　骨董品
*** **handle** [hǽndl]　扱う
*** **utmost** [ʌ́tmoust]　最大の、力の限りの
*** **sick in bed**　寝込んで
*** **exhaustion** [igzɔ́:stʃən]　過労

〈今週の単語　sensitive ／ delicate ／ fragile ／ thin-skinned ／ touchy〉

今週のスタートは "sensitive"

《今日の単語》

☞ **thin-skinned**

「すぐにカチンとくる」

"too easily offended or upset by criticism（指摘されると、いともたやすく腹を立てたり、すぐに機嫌が悪くなったりする）"

　昨日までの「敏感」「繊細」に比べると、主に「人の性格」に意味が限られている点で異なります。また、単に「怒りっぽい」というのとも違い、批判や指摘に「敏感」、つまり、ちょっと人に言われただけで、「プチッ」とか「カチン」ときてしまうタイプのこと。

　この言葉のつくりを見ると、「薄い」という意味の thin と、「肌」という意味の skin の動詞形（肌を持った、の意）が合わさってできていますね。つまり、肌が薄ければ、ほんの少し触れただけでピクッと反応するように、指摘という形で自分に「ほんの少し」触れられただけで、過敏に反応してしまう。そういう「敏感さ」を意味するわけです。

　実際の身体の部位で言うと、指先とか足の裏、あるいは舌なんかになるんでしょうか……なんでも、そこらへんの皮膚は、神経の「センサー」がすごい密度で集まっているんだそうで。

　で、この「thin-skinned」と反対の意味になるのが「thick-skinned」。日本語の「面の皮が厚い」に似ています（笑）。

　Longman では「批判されてもすぐに腹を立てたりしない」と定義されています。覚えやすいのでセットでどうぞ！

《《今日の例文》》

Mind you, be careful with your choice of words with Ms. Green - she's thin-skinned!
念のため言っとくけど、グリーンさんと話すときは、使う言葉に気をつけてね……彼女、何か言われたと思うとすぐにカッとなるから。

Probably it was my mistake to think that I had to give her a piece of advice; she's such a thin-skinned person she got furious at me.
彼女に一言アドバイスしようだなんて、思った自分が間違っていたのかもしれない。彼女は人に指摘されるのが耐えられない人で、私に対しても怒り狂った。

《《今日の単語、おかわり！》》

- ** **Mind you** 　　　　　言っておくが、念のため言うが
- *** **choice of words**　言葉の選択
- *** **a piece of**　　　　一切れの、ほんの少しの
- *** **furious** [fjú(:)əriəs]　怒り狂った

〈今週の単語　sensitive ／ delicate ／ fragile ／ thin-skinned ／ touchy〉

今週の
スタートは
"sensitive"

《今日の単語》

☞ **touchy**
「ピリピリした」[tʌ́tʃi]

「touch」とは「触れる」こと。突然触れられると誰でも「ピクリ」とか「ドキッ」と反応するものですが、そこから、ちょっとしたことでもすぐに反応する状態を、「touchy」と言います。

"easily becoming offended or annoyed（いとも簡単に腹を立てたり、イライラしたりする）"

「thin-skinned」とどこが違うのぉ～！　と言われそうですが、よーく見てみましょう……。今回は、「by criticism」という条件がないですね。つまり……指摘に限らず、「何らかの刺激」に対して、すぐに「カチン！」ときたり、「ムカッ」ときたり、あるいは「ピクッ」ときたりする、ということ。
　……thin-skinned よりタチ悪いじゃん……。
　でもでも、「thin-skinned」がどちらかというと性格や性質を指しているのに対し、「touchy」のほうはあくまで「（一時的な）状態」という感じですから、ちょっとの間の辛抱です。
　いろんな「ガッカリ」が原因で、今は本来の数倍、心が敏感になっている状態。
　たとえば、競馬で大損した。たとえば、彼女に振られた。たとえば、財布を落とした。たとえば、左遷を食らった……。
　そんなこんなで、本当ならなんてことない言葉や振る舞い、出来事に、いちいちネガティブに反応してしまう。「心の火傷」状態とでもいいましょうか。それが、touchy です。

〈今日の例文〉

"How come she's so touchy these days?"
"I heard her boyfriend has been dating another girl."
「なんで彼女最近あんなにピリピリしてるのかしら?」
「彼氏が二股かけてたらしいよ」

Joe's basically an easygoing guy, but when I talk about our school days, he gets rather touchy.
ジョーは基本的にはおおらかなヤツだが、学生時代の話をするとかなり神経過敏になる。

《今日の単語、おかわり!》

- *** **How come ~?**　　　　〜なのはなぜか、どうして〜のようになったのか
- *** **date**[人] [deit]　　　　（人）とデートする
- *** **basically** [béisikəli]　　基本的には、根は
- *** **easygoing** [íːzigóuiŋ]　おおらかな、のんびりした
- *** **one's school days**　（人の）学生時代

〈今週の単語　sensitive ／ delicate ／ fragile ／ thin-skinned ／ touchy〉

今週のスタートは "sensitive"

[今週の単語 builder]

今週のボキャの中から、最も適切な語を空欄に入れましょう。

① As it is rather a ( ) matter, we cannot easily decide what is right or wrong.
これはかなり微妙な問題なので、何が良くて何が悪いかを簡単に決めることはできない。

② Don't try to give him any advice; he's very ( ).
彼にアドバイスしようなんて思っちゃだめだよ。彼、ちょっとしたことですぐカッとなるから。

③ Ever since she failed the exam, she's quite ( ).
テストに落ちてから、彼女はややピリピリしている。

④ Be careful; this ornament is ( ).
気をつけて。この置き物は壊れやすいから。

⑤ I'm really grateful for their ( ) arrangement.
思いやりのある取り計らいに、とても感謝している。

※ 解答は 36 ページ

[30 週の単語 builder 解答]

① goof
② mistakes
③ oversight
④ errors
⑤ slips

第2週

disturb とその仲間たち

《今週の単語》

disturb
distract
sidetrack
butt in
bother

一言で「邪魔する」といっても、いろいろな邪魔の仕方があります。気を散らして邪魔する場合、間に割り込む場合、イライラさせる場合などなど……。あまり使う機会があっても困りますが、場面に応じて使い分けられるようになりましょう。

今週の
スタートは
"disturb"

《今日の単語》

☞ disturb
「混乱させて邪魔する」 [distə́ːrb]

"To interrupt someone so that they cannot continue what they are doing by asking a question, making a noise, etc.（質問したり、音を立てたりすることで、ある人が今していることを続ける邪魔をすること）"

Longman の定義からもわかるように、disturb と interrupt は、どちらも「邪魔する」で、ほぼ同じ意味になっています。
よく、相手の注意や会話、作業を遮らざるを得ないようなときに、
「I'm sorry to disturb you.」
とか
「I'm sorry to interrupt you.」
と言って、「邪魔してごめんなさい」「お話し中のところすいません」「ちょっとお尋ねしてもいいですか」というような意味で使います。
唯一のニュアンスの差は、この2つの語を語源にまで分解して、比較してみるとわかります。
「disturb」のほうは、ラテン語の「turbare（混乱させる）」から来ており、したがって「混乱させて邪魔する、さえぎる」という意味になります。
一方、「interrupt」は、「inter-（＝ between、間に）」と「rupt（壊れる、ばらばらになる、破裂する）」でできています。つまり、「間に入って、ばらばらにする」という意味。

混乱させてさえぎるのが disturb、間に入って壊すのが interrupt。
　こう比べてみると、2つの語の微妙な差が浮き出てきますね。
　ただ、人の会話に分け入って遮るのは interrupt ですが、結果としてその人たちの会話がストップしてしまうのですから、そういう意味では disturb。というわけで、結果的には同じ意味、とされるわけです。
　それでも、どちらのニュアンスを強調したいか、分け入るのか、止めるのか、といった雰囲気の違いを意識していれば、場面や関係者の気持ちを考えた使い分けができると思います。

今週の
スタートは
"disturb"

《今日の単語》

☞ distract
「注意をそらして邪魔する」[distrǽkt]

"To make someone who is working, studying etc unable to continue by making them look at or listen to something else.（仕事をしていたり、勉強をしていたりする人に、ほかのものを見たり聞いたりするように仕向けて、作業を続けられなくしてしまうこと)" ― Longman Dictionary of Contemporary English

　昨日のdisturbが「混乱させて邪魔する」だったのに対し、今日のdistractは、「ほかのことに注意を向けさせて邪魔する」、つまり「よそ見させる、気を散らす」という意味の「邪魔する」ということになります。
　用法としては、
1) distract ＋人　→　［人］の気をそらして邪魔する
2) distract ＋人＋ from ＋物・事（名詞または動名詞）
　　　　　　　→　［人］が［物・事］に気づかないようにする
　というふうに使います。
「〜をすることで」邪魔した、というように、邪魔する手段を明記したいときは、by [do]ing か with ＋名詞・動名詞をつけます。

《今日の例文》

I'd be told off by teachers when I was a kid for distracting other students in my class.
子供の頃、同じクラスの生徒の気を散らすんで、よく先生たちに叱られたものだよ。

Raymond tried to distract his mom from noticing the spot in his T-shirt.
レイモンドは、Tシャツについた染みにお母さんが気づかないようにしようとした。

Linda tried to distract her boyfriend from identifying the woman by laughing out loud.
リンダは、彼氏がその女性に気づかないように、わざと大声で笑って彼氏の気をそらした。

《今日の単語、おかわり！》

*** **tell off**　　　　　叱る、責める
*** **identify** [aidéntəfài]　見分ける
*** **out loud**　　　　　大声で、はっきりと

〈今週の単語　disturb／distract／sidetrack／butt in／bother〉

来週の
スタートは
"disturb"

《今日の単語》

☞ sidetrack
「他へ興味を引いて邪魔をする」

Longman による定義は、

"to make someone stop doing what they should be doing, or stop talking about what they started talking about, by making them interested in something else.（何かほかのものに関心を抱かせるように仕向けて、人が今しているべきことをやめさせたり、話し始めたばかりの話題を中断させること)"

となっています。
　side は「脇の」、track は「通路、通り道」ですから、字義的には「脇道にそらす」ということですが、昨日のdistract は、「ほかのものを見させたり聞かせたりして」邪魔する、ということだったのに比べ、今日の sidetrack はもう1歩踏み込んでいます。
　ただ単に視覚や聴覚に訴えるどころか、興味や関心をほかに向けさせてしまうのです。そうなると、より巧妙？？？
　でも、その巧妙さのせいか、昨日のdistractほどネガティブな響きはありません。
　用法としては、通常「受け身」で使われることが多いようです。
　脇道へそらされてしまうのですから明らかに「邪魔」のはずなんですが、それを「邪魔された」と感じないのが sidetrack。関心を奪われてしまった分、こちらにも多少の責任があるという感じでしょうか。

《今日の例文》

Don't get sidetracked by his tricky questions.
彼のずる賢い質問で、横道にそらされないように気をつけなよ。

I was sidetracked by the joyful laughter outside during the class.
授業中、外から聞こえた楽しそうな笑い声で、すっかり気が散ってしまった。

We got completely sidetracked by the huge cheer bursting from the next table.
隣のテーブルから突然沸きあがった大歓声に、私たちはすっかり気をとられてしまった。

《今日の単語、おかわり！》

- *** **tricky** [tríki]　巧妙な
- *** **huge** [hju:dʒ]　とても大きな
- *** **cheer** [tʃiər]　歓声
- *** **burst** [bə:rst]　突然起こる

〈今週の単語　disturb / distract / sidetrack / butt in / bother〉

今週の
スタートは
"disturb"

《今日の単語》

☞ **butt in**
「間に入り込んで邪魔をする」

意外な単語が並んだでしょうか？

butt とは、buttocks、つまり「おしり」のこと。in は「中に」ですから、字義的には「おしりを入れる」「おしりを突っ込む」。すなわち、「邪魔をする」ということです。

邪魔は邪魔でも、おしりを突っ込むのですから、不愉快極まりないはずですよね。そのとおり、Longman の定義も、次のようになっています。

"to interrupt a conversation rudely（会話を失礼な仕方で遮って邪魔すること）"

日本語では、「口を挟む」「口を出す」という言い方をしますが、それの「おしり」バージョンというところでしょうか。おしりのほうが、不愉快さが増しますね（笑）。

昨日までの3つのボキャブラリーをあわせた中で、もっとも不快度の高いものといえます。

butt in には、「会話を邪魔する」という意味のほかに、「私的なことや、プライベートに首を突っ込む」という意味もあります。根本的な発想としては、「会話を邪魔する」と同じですので、理解しやすいと思います。

butt in は、見たとおり非常に口語的な表現ですので、日常会話ではまったく問題ありませんが、フォーマルな場では（「おしり」、ですし）使うのは避けましょう。

口でも首でも、あるいはおしりでも、自分の体の一部を不用意に突っ込むことは、相手にとっては失礼であることに、日英とも変わりないですね！　こういうところは、文化は違ってもやはり同じ人間だなぁと感じます。発想が同じですよね。

《《今日の例文》》

Stop butting in! This's none of your business!
口を挟まないでくれる？！　あなたには関係ないでしょ！

She was real upset because her mother-in-law kept butting in when she was talking with her husband.
彼女は、夫婦の会話にお義母さんがしきりに口を挟んで、かなり不機嫌だった。

The neighbors were always curious about their daughter and annoyed the family by butting in time and again.
ご近所そろって、彼らの娘のことには興味津々で、いく度となく首を突っ込んでは、一家を苛立たせた。

《《今日の単語、おかわり！》》

- *** **curious** [kjú(:)əriəs]　　興味をもって
- *** **annoy** [ənói]　　　　　　苛立たせる
- ** **time and again**　　　　度々、何度も

〈今週の単語　disturb ／ distract ／ sidetrack ／ butt in ／ bother〉　**033**

今週の
スターは
"disturb"

《今日の単語》

☞ bother

「邪魔してイライラさせる」[báðər]

Longman Dictionary of Contemporary English による定義は、

"to annoy someone by interrupting them when they are trying to do something（人が何かしようとしているときに、邪魔をして苛立たせること）"

となっています。

今週の disturb や interrupt、sidetrack、そして butt in は、どれもまず「中断させること」「やめさせること」「入り込むこと」などの「邪魔する行為」を指したのに対し、今日の bother は、まず「苛立たせること」を意味する点が異なります。

bother は、それだけ、邪魔する行為そのものよりも、邪魔することによって苛立つ気持ちのほうに目を向けた単語といえます。
I'm sorry to interrupt you / for interrupting you.
I'm sorry to disturb you / for disturbing you.
I'm sorry to bother you / for bothering you.
は、どれも「邪魔してすみません」「ちょっといいですか」というような意味で同じように使われがちですが、今週のボキャブラリーの解説をまとめると、
◆流れを遮るようなときは「interrupt」
◆混乱させるようなときは「disturb」
◆明らかにイライラさせてしまうとき、あるいはたびたび邪魔をしなければならないようなときは「bother」

と、使い分けるようにすると、より状況に合った言い方ができると思います。

《《今日の例文》》

Those cold-calls really bother me.
ああいう売り込み電話、本当にイライラする！

Can I bother you for a second?
悪いんだけど、ちょっと手を貸してくれない？

《《今日の単語、おかわり！》》

** **cold-call** （保険や投資信託などの）電話勧誘、飛び込みセールス

今週のスタートは "disturb"

[今週の単語 builder]

今週のボキャの中から、最も適切な語を空欄に入れましょう。

① Whenever I talk with my boyfriend on the phone, my roommate ( ).
彼氏と電話で話していると、いつもルームメイトが割り込んでくる。

② His speech was ( ) by the loud music of a sound car.
彼の演説は宣伝カーの大きな音楽で邪魔された。

③ Don't ( ) me now - this is the best part!
邪魔しないでよ、今いいところなんだから！（ドラマや映画などを観ていて）

④ I'm sorry to ( ) you, but let me ask you a question.
お忙しいところすみませんが、一つ質問させてください。

⑤ I was completely ( ) by the question.
その質問ですっかり話が脇へそれてしまった。

※ **解答は 48 ページ**

[先週の単語 builder 解答]

① delicate　　　　　　② thin-skinned

③ touchy　　　　　　④ fragile

⑤ sensitive

第3週

travel とその仲間たち

《今週の単語》

travel
trip
journey
voyage
flight

「旅」「旅行」も、手段や行程によって使い分けられています。単語によって用法にも違いがありますので、注意しましょう。

今週のスタートは"travel"

《今日の単語》

☞ travel

「移動、旅行」[trǽvl]

「トラベル」と、和製英語にもなっている、今日の「travel」。これが今週のスタート・ボキャです。「旅行」を意味する英単語の代表格かもしれませんが、さて、その正体は？

travel は動詞としても使われ、Longman で travel の内容が定義されているのは動詞のほうなので、そちらを引用してみます。

"to go from one place to another, or to several places, especially to distant places（ある場所から他の場所へ、あるいは複数の場所へ行くこと。特に、離れた場所へ行くことを指す）"

ひとつの、あるいは複数の、比較的離れた場所へ移動すること。それを意味するもっとも一般的な語が、travel です。ただし、一般的といっても、他の語と同じように意味上の限界というものがあります。

まず、「旅行」という意味はあるとはいえ、名詞形で使われることは少なく、「移動する」「旅する」「旅行する」という動詞として使われることのほうがはるかに多いという点。

そして、travel は、あくまで、場所から場所へ「移動する」という、物理的な動作、行為を指す言葉ですので、一般的であるという反面、ニュアンスの少ない、「おもしろ味のない」言葉でもあります。

具体的には、旅全体をまるごとひっくるめて言うとき、たとえば、「今回の旅行」などと表現するときには travel は使いません。

また、「移動する」という物理的な側面ではなく、「道中」「旅の行程」「旅行の中身」など、途中で起きたことやその意義など、旅の内容に注目させたいときも、travel は不適格になってしまいます。

それじゃ、何て言うの？？？という部分は明日以降のそれぞれのボキャに譲るとして、今日のところは、travel ＝離れた場所の間を移動すること、という点をチェックしておきましょう！

《《今日の例文》》

I'm really tired of traveling back and forth between my home and office every day.
毎日家と会社の間を往復するのにも、いい加減疲れたよ。

I have traveled all the way from Hokkaido by train.
北海道からはるばる電車でやってきました。

I love to travel to different strange places.
いろいろな知らない場所へ旅行するのが好きだ。

《《今日の単語、おかわり！》》

*** **back and forth**　　行ったり来たり、往復して
*** **all the way**　　はるばる、遠路を
*** **strange** [streindʒ]　　見知らぬ

今週のスタートは " travel "

《《今日の単語》》

☞ trip
「旅行」[tríp]

travel と同じくらい、誰でも知っている（？）単語が、trip。travel とは兄弟のようですが、中身はチョット違います。

"a journey to a place and back again（ある場所へ旅行して戻ってくること）"

その違いは一目瞭然ですね？
journey は明日登場するので、この語についての解説はそちらに譲るとして、特定の場所へ旅行へ行き、戻ってくるまでのすべてをひっくるめて言うとき、「trip」を使います。
同じ Longman の travel の用法解説では、この trip の解説に、さらに詳しいプラスアルファがされていました。

"a journey to a place and back that is not made regularly, and is perhaps short（ある場所へ旅行して戻ってくること。不定期で、ほとんどの場合、短い期間のもの）"

それで、普通の人が言う「旅、旅行」は、この「trip」に当てはまると思います。昨日の「travel」が、「移動する」という動作に注目していたのに対し、trip は、全行程を含む、単発の「旅」を指す言葉です。
この「旅」は、何も観光旅行のようなものに限らず、出張（a business trip）や遠足（a trip to mountains, etc.）なども含みま

す。
　一方で、時としてtravelと似たような意味で、つまり、旅行ではなくただ単に「ある場所へ行って戻ること＝往復」を指すこともあります。

《《今日の例文》》

How was your pleasure trip to India?
インドへの観光旅行はどうだった？

Jiro is on a business trip to London now.
次郎はロンドンへ出張中だ。

We've been to a day trip to Hakone.
箱根へ日帰り旅行に行ってきた。

We had a lot of baggage, and had to make 3 trips to carry them all.
手荷物がたくさんあったので、すべてを運ぶのに3往復しなければならなかった。

《《今日の単語、おかわり！》》

　　** a pleasure trip　　観光旅行
　　*** a business trip　　出張
　　*** a day trip　　日帰り旅行

今週のスタートは "travel"

《今日の単語》

☞ journey
「旅、行程」 [dʒə́ːrni]

「センチメンタル・ジャ〜〜ニ〜♪」でおなじみ（？！）のjourneyですが、日常使われる頻度でいうと、あまりポピュラーな単語ではないかもしれません。

まず、Longmanの定義ですが、

"a trip from one place to another, especially over a long distance（ある場所から別の場所への、特に長距離の旅行）"

とあり、しかも冒頭に、"especially BrE（特にイギリス英語）"との注釈付きがあります。
「んー？ でもなんか、最近読んだような定義……」と思ったあなた！ 鋭いです。(^_^)b 昨日の「trip」の定義が、ほとんど同じ内容。唯一の違いは、旅行する「距離（間接的には、かかる時間も）」のようです。

とはいえ、同じLongmanの用法の注釈においては、以下のような補足説明がなされています。

"A particular time spent and distance covered when you go somewhere is a journey.（どこかへ出かける際の、特定の時間と移動する一定の空間のことを、journeyと言う）"

ここで、初日のtravelの意味を思い出してみてください。travelの場合は、「移動する」という行為のことを指していました。今

日の journey の場合は、移動にあたっての、その特定の時間（期間）と、移動した空間を指しています。

このことから、journey というときは、旅行する、旅するという動作あるいは行動よりも、その中身、旅行していた間の時間や、移動した行程、その期間中に起きた出来事などに着目する場合であることがわかります。

《《今日の例文》》

During the journey to Berlin, we were quarreling all the way and spoiled our time together.
ベルリンへ向かう旅の途中、私たちはずっとケンカしていたために、二人の一緒の時間を台無しにしてしまった。

I got fed up with the every day journey to the office and finally decided to change jobs.
毎日の会社への通勤にも飽き飽きして、ついに転職を決意した。

How was your journey to your hometown?
故郷への旅はどうだった？

《《今日の単語、おかわり！》》

- *** **quarrel** [kwɔ́(:)rəl]　　　口論する
- *** **spoil** [spɔil]　　　ダメにする、台無しにする
- *** **be/get fed up with ~**　　～にうんざりする
- *** **hometown** [hóumtáun]　　故郷

〈今週の単語　travel／trip／journey／voyage／flight〉

今週の
スタートは
"travel"

《今日の単語》

☞ voyage

「船旅」[vɔ́iidʒ]

"a long journey in a ship（船での長い旅）"

「voyage」とは、つまり、journey の一種、ということですね。移動手段として船を使う、というのが決め手。

通常「船」といえば海上を行く船ですが、宇宙船も「space ship」で、れっきとした「船」ですので、実は宇宙旅行も「voyage」と言われるのです。いやはや。なんとも優雅な響き。

何はともあれ、「船」による旅行・移動を指すときに、voyage を使います。最近は船旅はさほど多くないと思いますので、voyage の使われる頻度はおのずと低くなってはいますが……。

用法上の注意点として、journey と voyage は動詞に make または go on を使います。

この「voyage」を使った表現で、
Bon voyage!（「よい旅を！」「いってらっしゃい！」）
というのがあります。

何度か映画で見ましたが（ひとつは白黒だったケド）、旅行に出かける人に向かって言う決まり文句のひとつです。

voyage は船旅ですが、「bon voyage」という場合は旅の手段を問わず、とにかく「道中ご無事で」とか「楽しんできて」とか「良い旅行を」という意味ですので、機会があれば使ってみましょう。

《《今日の例文》》

This is my first time going on a voyage.
これは、私にとって初めての船旅です。

We've had a wonderful voyage around the world.
今回の世界一周船旅は素晴らしかった。

She has a longing for a luxurious voyage for her honeymoon.
彼女は新婚旅行に豪華な船旅をするという憧れを持っている。

《《今日の単語、おかわり！》》

** longing for 〜　　　　〜に対する憧れ
*** luxurious [lʌgʒú(ː)riəs]　豪華な

〈今週の単語　travel／trip／journey／voyage／flight〉

今週の
スタートは
"travel"

《今日の単語》

☞ **flight**

「空の旅」[fláit]

"a journey in a plane or space vehicle（飛行機または宇宙用の乗り物での旅）"

前回の「voyage」同様、「flight」も journey のひとつで、旅行手段として飛行機または宇宙船を使う、というわけですね。

それにしても、「宇宙用の乗り物」って……。「voyage」も宇宙旅行に使うというのは、昨日言及しましたが、英米は気が早いのか、理想が高いのか（笑）。いや、でも、それだけ夢を現実化するパワーがあるということなのでしょう。

さて、用法上の注意点として、trip と flight は動詞に take を使う、という点に気をつけましょう（trip は journey 同様 go on も可能）。

《今日の例文》

It's about 3 hours' flight from Japan to Hawaii.
日本からハワイまでは、飛行機で3時間ほどだ。

Enjoy the flight.
空の旅をごゆっくりお楽しみください。

"The flight was quite rough and scary, wasn't it?"
"Don't tell me the pilot was dozing off!"
「ずいぶん荒っぽくておっかない飛行じゃなかった？」
「パイロットが居眠りしてたりしてね！」

《今日の単語、おかわり！》

*** **rough** [rʌf]　　荒い、雑な

*** **scary** [skέ(:)əri]　　恐ろしい

*** **doze** [douz] **off**　　居眠りする、うたた寝する

〈今週の単語　travel／trip／journey／voyage／flight〉

今週のスタートは "travel"

[今週の単語 builder]

今週のボキャの中から、最も適切な語を空欄に入れましょう。

① We went on a one-day (　) to Kamakura yesterday.
  昨日は鎌倉まで日帰り旅行に行ってきた。

② How was your (　)?
  空の旅はどうだった？

③ We really enjoyed the (　) from Hokkaido to Nagoya.
  北海道から名古屋までの旅は本当に楽しかった。

④ Bon (　)!
  よい旅を！

⑤ I have (　) all the way by rail.
  はるばる電車でやってきました。

※ 解答は 60 ページ

[先週の単語 builder 解答]

① butts in
② interrupted または disturbed
③ bother
④ interrupt または disturb
⑤ sidetracked

第4週

sometimes とその仲間たち

《《今週の単語》》

sometimes
occasionally
once in a while
on and off
at times

「ときどき」といっても、「いつも」に近いときどきと、「たまに」に近いときどきと、いろいろあるはずです。ということで、今週は「ときどき」シリーズでいってみましょう！

今週の
スタートは
"sometimes"

《《今日の単語》》

☞ sometimes

「ときどき」 [sʌ́mtàimz]

今日ボキャの「sometimes」ですが、

"on some occasions but not all（すべてではないがいくつかの機会において）"

というのが Longman の定義。わかりやすいような、あいまいなような（笑）。
「ときどき」と言うには、もっとも無難で、もっとも中間的な（というか平均的な）意味の語です。
この「もっとも無難」な語をきちんと理解するには、「some」を理解しなければなりません。とはいえ、同じ Longman で引いても、「a number of people or things or amount but not all」と、「同じじゃん〜」と涙したくなるような定義……。
ですが、こんなときに役に立つのが、ネイティブから直接聞いた次のようなヒントです。
数について考えるとき、
few ＝ almost 0
a few ＝ 2 or 3
some ＝ 4 or 5
several ＝ 6 or 7
most/almost ＝ 8 or 9
というのが、平均的な発想だということです。
もちろんこれは、人や場合によって多少の上下はあるでしょう

050

が、これを頻度や程度にそのまま当てはめれば、「sometimes」は「4 or 5」、割合にすると「40％～50％台」と考えることができます。

「いつも」を100％と考えたときの、40％～59％くらいまでの間を「sometimes」ととらえることができます。

a few times ＝ 20％～39％（何回か、ごくたまに）
sometimes ＝ 40％～59％（ときどき）
several times ＝ 60％～79％（何度も、しばしば）
most times ＝ 80％～99％（ほとんどいつも、たいてい）

とはいえ、これはあくまで「感覚」の話で、規則ではありません。たとえば、事実上は50％の頻度や程度で、ゆえに「sometimes」の範疇だとしても、70％で起きるのが普通で、そのため、50％でも「けっこうな頻度だなぁ」と感じたのであれば、感覚として、sometimesではなくoften（しばしば）を使うこともあるでしょう。

ですので、事実上の統計というよりは、感覚として、50％前後の割合かな、というときに「sometimes」を使うことが多いようです。

では、「now and then」や「occasionally」との違いは？　頻度の違いか、それとも…？

つづきは、明日以降のボキャブラリーで！

〈今週の単語　sometimes ／ occasionally ／ once in a while ／ on and off ／ at times〉　**051**

今週の
スタートは
"sometimes"

《今日の単語》

☞ occasionally

「たまに」[əkéiʒənəli]

　さて、今日ボキャの「occasionally」ですが、Longman では次のような解説がされています。

　"sometimes, but not regulary and not often（ときどきだが、定期性や頻度は低い）"

　昨日の sometimes が約50％の頻度、ということでしたから、それよりも頻度が低く、かつ定期性も少ないということですから、「ときどき」は「ときどき」でも、発生率としては少ないほうの「ときどき」を指すということになります。
「定期性が低い」＝ややイレギュラー、つまり、起きるタイミングの予測が難しいということでもあります。
　この occasionally とほぼ同一の意味を指すのが、「from time to time」。Longman では、occasionally と同じ解説がされています。
　occasionally は「occasion（機会）」、from time to time の「time」は「時期」を指すことからも、どちらも「タイミング（時期や機会）」によっては、ということで、「予測は難しいが、頻度としてはまずまず」の確率で起きる場合に使うようです。
　このように考えると逆に、昨日の sometimes はある程度の「タイミングの予測」ができる、ということになりますね。ある程度の「定期性」があるということです。
　ちなみに、昨日の sometimes と同義なのが、now and then。Longman では定義が「sometimes」という一単語で終わってお

り、特に深い意味の差もないことから、この now and then についてはまるまる1号を割く結果にはなりませんでした。

さて、なんだか昨日のまとめと今日ボキャがごっちゃになってしまいましたので（汗）、ちょっと整理です。

sometimes、now and then → 比較的定期的、50%前後の頻度
occasionally、from time to time → ややイレギュラー、40～50%

《《今日の例文》》

We go out for dinner occasionally.
たまには外で夕食をする。

My father does the cooking very occasionally.
ごくたまに、父が料理をすることもある。

今週の
スタートは
"sometimes"

《今日の単語》

☞ # once in a while
「たまに」

今日ボキャの「once in a while」は、どこかで聞いたか読んだか、あるいは教わったかしたことはあっても、あまり自分から使うことはない表現ではないでしょうか？

"sometimes, although not often（頻繁ではないが、ときどき）"

うーん、昨日までのボキャとだんだんビミョウになってきました（笑）。

今日の once in a while は、定期性についてはなにも触れられていませんので、レギュラーかイレギュラーかはともかく、そこそこの頻度で、ときどき、という場合を指すことがわかります。

ボキャの紹介部分で、「たまに」という訳語をあてはいますが、sometimes よりは often 寄り、と理解してください。パーセンテージにすると、60％の手前、でしょうか。

ただ、レギュラー／イレギュラーの言及がないとはいえ、「a while（字義：ひとつの期間）」に「once（一回）」という熟語の構成自体が、

+---once---+---once---+---once---+---once---+---once---+

というような、ある種の「定期性」を匂わせます。

キチン、キチン、とした定期性というよりは、「こないだ〇〇してからちょっと経っているから、そろそろ……」というような、

054

「感覚」的な定期性といった感じです。

《《今日の例文》》

I wish you'd ask me out once in a while.
たまにはデートに誘ってくれたらいいのに。

Why don't we dine out once in a while?
たまには外で食事しない？

We make it a rule to go out for a walk together once in a while.
私たちは、ときどきは一緒に散歩に出かけることにしています。

《《今日の単語、おかわり！》》

*** ask [A] out	A をデートに誘う
*** dine out	外食する
*** make it a rule to ~	～することにしている、～することを習慣にしている

〈今週の単語　sometimes／occasionally／once in a while／on and off／at times〉

今週の
スタートは
"sometimes"

《今日の単語》

☞ on and off
「〜したりしなかったり」

「on and off」……オンとオフ？　……点いたり消えたり？
　そう、そんな感じ！
　電気を点ける、スイッチを入れる、といったときなどに使う on と、電気が消える、スイッチを切る、という意味にも使う off で、まるで電気が点いたり消えたりするように、あることを「したりしなかったりする」「時にはするが、しないときもある」といった様子を、「on and off」と言います。
　Longman によると、

"if you do something during a period of time on and off, you do it for several short periods in that time but not continually（一定の期間にあることを「on and off」する、ということは、その期間中の、さらに細かい短期間に分けて、何回かする、ということ。ただし、継続的ではない)"

　ちょっと日本語訳がわかりにくいですが（自分で訳してるくせに）、たとえば具体的に1月から12月という1年があったとして、1月、4月、5月、8月、10月、11月に、パチンコをし、そのほかの月はしなかった、という場合。12月に「この1年」を振り返って、
I played pachinko on and off the last year.
この1年、パチンコはしたりしなかったりだった。
　と言うことができます。……そんなパチの仕方があるか！　と

言われそうですが（笑）、超単純化した例、ということで。<(^_^)
「継続的ではない」というのは、1月から6月までパチして、7月から12月はしない、というのではない、ということですね。「for several short periods」ですから、あくまでひとつの期間は短く（1ヶ月だと長いですが、1年の中で見れば短いですよね）、しかもその短い期間が「several（感覚的には6〜7）」ある、ということになります。

　onとoffなので、あくまで「点いたり消えたり」「したりしなかったり」と、不定期＆不規則なのが特徴です。

《《今日の例文》》

As a kid, I hated to sit still and listen to the teachers, so I went to school on and off.
子供ん時は、じっと座ってセンセの話を聞くのが耐えられなくって、学校は行ったり行かなかったりだったよ。

He smoked on and off for the last 10 years.
彼はこの10年、タバコを吸っては止め、止めては吸っての繰り返しだった。

《《今日の単語、おかわり！》》

*** **still** [stil]　じっと、動かずに
　→ sit still　じっと座る
　　 stand still　直立不動

〈今週の単語　sometimes ／ occasionally ／ once in a while ／ on and off ／ at times〉

今週の
スタートは
"sometimes"

《今日の単語》

☞ at times
「ときに、時として」

「ときどき」シリーズのラストを飾るのは、「at times」です。
　でも、今日の「at times」は、昨日までの「一定期間や時期の間に、何回か」または「ある程度の時間をおいた繰り返し」といったニュアンスとは少々違っています。

"sometimes but not usually（ときどきだが、通例ではない）"

　説明としては似ていますが、「not usually（通例でない）」の部分に注目してください。
　ということは、「繰り返し」とか「何回か」というニュアンスから離れ、「時として起こるが、いつもは起こらない」、「例外的」な場合の「ときどき」であることがわかります。決して起こらないということはないし、時に話に聞くけれども、予期できたり、繰り返されたり、計画できるものではない、ということ。
　ですので、日本語訳としては、「ときどき」も間違いではないですが、より「例外的」なニュアンスを出すとしたら、「時として」「時には」というほうがピッタリくるでしょう。

《《今日の例文》》

His youngest kid gets quite uncontrollable at times and upsets the other members of his family.
彼の一番下の子は、時として手に負えない状態になって、家族中を困らせる。

We are all weak at times and need compassion.
私たちは誰でも時に弱くなり、思いやりを必要とする。

"What was that awful storm last night? I couldn't sleep at all!"
"It was terrible, but we do have such storms at times."
「夕べのすごい嵐は何だったの？ 一睡もできなかったわ！」
「たしかにひどかったね。でも、たまにあのぐらいのは来るよ」

《《今日の単語、おかわり！》》

*** **uncontrollable** [ʌ̀nkəntróuləbl]　制御不能な、手に負えない

*** **upset** [ʌpsét]　不快にさせる、困らせる

*** **compassion** [kəmpǽʃən]　思いやり

*** **awful** [ɔ́:fl]　ひどい、恐ろしいほどの

〈今週の単語　sometimes / occasionally / once in a while / on and off / at times〉

今週のスタートは "sometimes"

[今週の単語 builder]

今週のボキャの中から、最も適切な語を空欄に入れましょう。

① Let's go to the movies (　).
たまには映画にでも行こうよ。

② We see him (　).
時々彼を見かける。

③ It's been raining (　).
雨が降ったりやんだりしている。

④ My father (　) does the dishes.
時々父が皿洗いをする。

⑤ Parents are not always right; kids can be correct (　).
親がいつも正しいとは限らない。子供が正しいことだってある。

※ 解答は 72 ページ

[先週の単語 builder 解答]

① trip
② flight
③ journey
④ voyage
⑤ travelled

第5週

furious とその仲間たち

《今週の単語》

furious
inflamed
boiling
steaming
wrathful

「怒った」といえば「angry」が思い浮かびますよね。でも、激怒した、カンカンに怒った、ムカムカした……怒り方やその程度にもいろいろあるはず。今週は、あえて「angry」以外の「怒った」表現を掘り下げていきたいと思います！

今週のスタートは "furious"

《今日の単語》

☞ furious

「激怒した」[fjú(:)əriəs]

　昔流行ったマンガ「北斗の拳」(小学生時代、弟と一緒にハマっていました…)で、よく見たシーン。弱いものを虐げる悪人を目の前に、怒りが頂点に達したケンシロウ。その背後に、ゆらゆら〜っと、湯気？　炎？　オーラ？？？のようなものが立ち上がる……。アタタタタ〜！！……(ご存知ない方ゴメンナサイ)。

　そのときのケンシロウは、very angry どころではなかったワケですね。どういう感情かというと、それが今日の「furious」。

"[not before noun] extremely angry (極度に怒っている)"

か、簡潔すぎる……(汗)。

　仕方ない、「angry」を引いて見ませう。

"feeling strong emotions which make you want to shout at someone or hurt them because they have behaved in an unfair, cruel, offensive etc way, or because you think that a situation is unfair, unacceptable etc (他の人が不公平な、残酷な、または侮辱的なこと等をしたため、あるいは状況が不公平だったり容認できないために、強い感情がこみ上げ、人を怒鳴ったり、傷つけたりする衝動にかられること)"

　うーむ、簡単な単語 angry も、奥深い！
　……というわけで、まず、自分が受け入れられない行為や状況

に反応して、怒鳴る・傷つけるなどの方法で応報したくなるような激情を感じることが「angry（怒る）」。で、それが極限にまで（extremely）達した状態を、「furious」と言うのです。

したがって、ケンシロウは、「怒鳴る、傷つけるなどの方法で応報したくなる」激情が頂点に達したので、「アタタタタ～！」（怒鳴る）「お前はもう死んでいる」（傷つける）という実際の行動に出たのですね。furious の典型です（無駄な分析）。ま、設定では「正義の応報」ということになっていますが。

ひとつ、注意が必要なのが、「furious」の説明に「not before noun」とある点。これは、「激怒した」という意味では、名詞の前につけない、ということ。仮に furious を名詞の前につけると、「熱血した、猛烈な」というふうに、意味が変わります。

My teacher was furious.　→　先生はカンカンだった。
a furious teacher　→　熱血教師（金八？）

あぁ、なんだか「なつかしの名番組」になってきている……。

今週の
スタートは
"furious"

《今日の単語》

☞ inflamed
「怒りに燃えた」[infléimd]

in-（強意の接頭辞）＋ flamed（「火が付いた、燃えた」過去分詞）＝炎の燃え盛る ＝怒りに燃える！！
……とくるわけですな。あなおそろしや。
Longman には「inflame」の他動詞形しか載っていませんので、とりあえずこちらを。

"[inflame] (literary) to make someone's feelings of anger, excitement etc much stronger（人の怒りや興奮といった感情をうんと強めること)"

おお！ また新たな aspect が。
inflamed の場合、前回の angry または furious とはちょっと違って、すでにある「angry」「furious」という感情を、さらに強くする、ということ。
ですので、よく見かける表現としては、

be inflamed by anger
be inflamed with rage

など、字義的には「怒りによって燃え立たされた」のように、後に「怒り」の語句をくっつける場合があります。燃え立つものが怒りに限らないからですね。
inflamed のイメージとしてもってこいなのは、ズヴァリ、アニ

メ「巨人の星」に出てくる、星飛雄馬のパパ。

連日なつかしのアニメでごめんなさい……でも、あまりにそのままなので。

浴衣姿で座敷に腕を組みあぐらをかいて座り込む飛雄馬'sパパ。次の瞬間、カッと見開いた目には、なんと炎が！！！！

そして、その炎は勢いを増し、メラメラ、メラメラ……この辺で画面いっぱいにパパの両目がクローズアップされ、その炎はますます大きくなり……！

バッシャ～～～ン！！！！！

またどよ……またちゃぶだいひっくり返したよ……。

何に inflame されたのかはいまだ謎ですが、この、パパの目が2段階にクローズアップされるシーンは、20年以上たった今でも忘れられません。たまに、パチパチ火花の音まで聞こえていたような……。

すでに存在する激しい感情（飛雄馬のパパは腕を組んでじっとこらえていましたが）をますます燃え上がらせてしまう、火に油を注ぐ状態なのが、今日の inflamed でした。火花の音とセットで覚えてください。

一点、Longman の解説文にある「literary（文語）」という表記ですが、ニュース記事なんかでは現代でも先にあげた例のようにして使われています……ので、使っても別に古代人扱いはされないと思います。ただ、それなりにかしこまった言い方ですので、同僚に向かって使うのには向いていないでしょう。

後日談。

飛雄馬パパの「ちゃぶ台ひっくり返し」について、その後たくさんの方からメールをいただきました！　飛雄馬パパがストーリー中に実際にちゃぶ台をひっくり返したことは1度もないそうで。ごめんね、飛雄馬パパ。

〈今週の単語　furious ／ inflamed ／ boiling ／ steaming ／ wrathful〉　**065**

今週のスタートは "furious"

《今日の単語》

☞ **boiling**

「カンカンに怒った」[bɔ́iliŋ]

　この単語を見て、ピン！　と喜多方。じゃなくて、きた方。
……あなたはエライ！
　以前のボキャシリーズに「暑い」というのがありましたが、その中の1つに、この boiling があったのです。そのときは「蒸し暑い」という用語でしたが、今日はなんと怒りがテーマ。

"very angry（とても怒っている）"

　おいおい……簡潔すぎだよ。
　ま、でも、「とても怒っている」という意味はわかりますね。で、ニュアンスですが、怒りの種類ではなくて、その怒っている「様」をユニークに表したのが、この語。
　怒って怒って、頭の中で怒りがフツフツと「煮え」始め、ついに目から耳から蒸気が出、次の瞬間……ごぅおぅぉぉ！！！　あふれちゃった……。
　イメージとしては、グツグツと沸騰するヤカン（または鍋）の熱湯。その蒸気に触れるだけで大やけど、そう簡単には冷めませんよ……。
　煮えたぎる怒り。恐るべし。

066

《今日の例文》

"How's mom? Is she angry yet?"
"Yeah, she's still boiling. You better keep away from her for another few hours."

「お母さん、どう？　まだ怒ってる？」
「うん、まだカンカンよ。もう２、３時間は近づかないほうがいいと思うよ」

《今日の単語、おかわり！》

*** **better**（had better の had を省略した形）　〜するほうがよい

*** **keep away from 〜**　　　　　　　　　　〜から離れている

〈今週の単語　furious／inflamed／boiling／steaming／wrathful〉　**067**

今週の
スタートは
"furious"

《今日の単語》

☞ **steaming**

「カッカしている」[stíːmiŋ]

「茹でる」のあとは「蒸す」んですカー!!
　いやいや。ヒジョーに描写的で、おもしろいですね。
　steam とは、アイロンの「スチーム」といえばおわかりいただけると思いますが、湯気、蒸気のことです。動詞では、「蒸気を上げる」とか「蒸す」という意味。
　そういう意味では、昨日の「boiling」がグツグツ煮立つあぶくだとしたら、今日の「steaming」はそこから上り立つアツ〜イ湯気ですので、あまり変わらないと思われるかもしれません。
　しかーし!
　イメージしてみてください。
　グツグツと煮え立つ、魔女の釜(なぜ魔女?とは聞かないで)。
　プシューッ!　と勢いよく吹き出る、圧力釜の蒸気……。
　グツグツの魔女の釜、おそろしいですねぇ〜。コワイですねぇ〜。自分がその中に放り込まれて、アツアツに茹で上げられてしまうんではないかと思うと……。
　でも、圧力釜も凶器なんですよ〜。いつだか TV の実験番組で見ましたが、蒸気がちゃんと吹き出ないと、釜の中の圧力が膨れ上がって、ドッカーーーン!!　爆発!!　するんです。その番組では、仮設リビングの天井が吹っ飛んでいました(汗)。
　これが、蒸気の恐ろしさ。
　プスプスいってるうちはかわいいけれど、放っておくといつ爆弾と化すかもわからない。
　それで、「steaming」には、怒って爆発寸前!　というニュア

ンス（というか雰囲気）があるのです。
　用法ですが、「be steaming」のほかに、「be steamed」という言い方もできます。うーん、どっちもコワイな〜。

《今日のお役立ち表現》

☞ **let off steam　「うっぷんを晴らす、ストレス発散する、気を鎮める」**

　「steam」を使った表現ですね。よく使われます。字義的には、「蒸気を逃がす」ということ。怒りや興奮をそれ以上溜め込んで、爆発圧力釜にならないためですね。
　Longman で引いてみると、

"to get rid of your anger or excitement in a way that does not harm anyone by doing something active（何か活発なことをして、他の人を傷つけない仕方で怒りや興奮を発散すること）"

　人を傷つけない仕方で……というのがポイント！
When I feel things are getting too much for me, I go to a nearby gym to let off steam.
　いっぱいいっぱいに感じるときは、近場のジムに行って発散するんだ。

　という感じですね。この例文の場合は「怒り」の感情ではありませんが、強い感情が自分の中に膨れ上がって耐え切れないようなときに、「let off steam」しようとか、したほうがいいとか言います。

〈今週の単語　furious／inflamed／boiling／steaming／wrathful〉

今週のスタートは
"furious"

《今日の単語》

☞ wrathful
「怒りに満ちた」[ræθfl]

あまり聞かないボキャですね〜。
それもそのはず、Longman では「formal」という但し書きが付いています。「wrathful」では載っていませんので、基本名詞の「wrath」で引いてみると、

"[formal] extreme anger（[形式的] 極度の怒り）"

……って、それだけかい。
意味的には furious と同じなのですが、使う相手や場面が違うんですね。まず、ケンシロウには使わない。なんてったって「フォーマル」ですので、ロイヤル・ファミリーとか（あまり激怒なさらないか、そもそも）、あとは……神様、ですかね。
いえ、いくら、神様、といったからとて、
「天に代わってオシオキよ♪」
とか、そういうレベルではありません！(-_-メ)
あえて言うなら……「ナウシカ」の「王蟲」とか、「もののけ姫」の「デイダラボッチ」（実は宮崎ファン♪）でしょうか！
言葉で表現すると、「大いなる怒り」とか「逆鱗(げきりん)」といった雰囲気の語です。場合によっては「天罰」とか「報復」というニュアンスも含みます。
ですので、日常会話ではあまり出ないでしょうが、ニュースや報道、論評などでは、神様の話でなくても、たまに描写的に使われていたりします。

《今日の例文》

The believers were praying for forgiveness because they thought their God was wrathful.
信者たちは、神が激怒していると思い許しを祈り求めていた。

Think of what's happening to the climate around the globe, I feel it's a wrathful message from mother earth.
世界中の気候に起こっていることを考えてごらんよ、私にはそれは母なる地球の怒りに満ちたメッセージに思えるんだ。

《今日の単語、おかわり！》

- *** **pray** [prei] 　　　　　　祈る（発音が「play」にならないように気をつけましょう！）
- *** **forgiveness** [fərgívnəs] 　　許し
- *** **climate** [kláimət] 　　　　気候、天候
- *** **globe** [glóub] 　　　　　　（the をつけて）地球
  → around the globe 　地上のあらゆるところに、世界中に
- *** **mother earth** 　　　　　母なる地球、大地

〈今週の単語　furious ／ inflamed ／ boiling ／ steaming ／ wrathful〉

今週のスタートは "furious"

[今週の単語 builder]

今週のボキャの中から、最も適切な語を空欄に入れましょう。

① Our ball broke the next-door window, and the man got ( ).
僕らのボールが隣の家の窓を割ってしまって、そこのおじさんは怒り狂った。

② Mom is ( ) mad.
お母さんは怒りが爆発寸前だ。

③ My girlfriend and I had a quarrel yesterday and she's still ( ).
彼女と僕は昨日口げんかをしたが、彼女はいまだにカンカンだ。

④ Seeing her teacher's ( ) expression, she cowered.
先生の真っ赤に怒った表情を見て、彼女は縮み上がった。

⑤ Ken was ( ) by anger when he heard the news.
そのニュースを聞いて、ケンは怒りに燃えた。

※ **解答は 86 ページ**

[先週の単語 builder 解答]

① once in a while
② sometimes または occasionally
③ on and off
④ sometimes または occasionally
⑤ at times

独学で英語をモノにするために

目標は3段階ある

　目標なくしては、英語マスターの夢を達成することは不可能と言ってもいいでしょう。目標は、地図や方位磁石、あるいは道路標識のようなもの。迷わずまっすぐに目的地に到達するには不可欠の要素です。

　わたしは、目標を3つの段階にランク分けして考えています。その3段階とは、

　1. WANT　　2. NEED　　3. MUST

　1の、WANTな目標とはつまり、あなたが英語で「どうしてもコレをやりたい！」「ゼッタイこうなりたい！」と心から欲する、英語にまつわる願いのことです。たとえば、アメリカ人の彼氏が欲しい！とか、趣味のスポーツで、最新の情報をいち早くgetして、誰よりもうまくなりたい！など。

　2のNEEDな目標とは、心から欲するということはないが、ある状態を実現したり、条件を満たすために、必要不可欠な要素のことです。昇給にはTOEIC800点以上ないといけない、とか、海外出張が多いので英語が話せないと不都合、とか、ボスが外国人なので仕事にならない、など。

　そして3の、MUSTな目標。欲するとか必要とかいう以前の問題で、ゼッタイ英語をやらなあかん！！という、外部からの圧力、要請、要求、命令、etc。部内で英

検準一級取得が課せられたとか、新人は1年以内にTOEIC700を突破すべし、とか……。

この3種類の目標を「効果の長続き度」でランク付けすると、1のWANTが最も長続きし、3のMUSTが最も弱いのです。

わたしは10年以上独学で英語を学んできましたが、いつでも順調に英語を身につけてきたわけではありません。

あるとき、趣味で乗馬を始めました。そしてほどなく、夢中になるととことん「本物」を追求したくなる性分が顔を出し、国内に乏しい「本物の馬術の情報」を求めて、海外の書籍、雑誌、ビデオ（当然すべて英語）をモーレツに取り寄せ始めたのです。その数、大きな本棚ほぼ1つ分。どの本も、細かい文字でビッシリ書かれたうえ分厚く、ビデオにはもちろん字幕などありません。これを、1年も経たないうちにすべて読みこなしてしまいました。英語が勉強したかったからではありません。自分が好きなことの情報が欲しかったのです。自分としては無我夢中で読み聞きしていただけでしたが、実はその間に、ものすごいスピードで、わたしの英語力は向上していたのです。その後なんとなく受けたTOEICの試験がなぜかとても簡単に感じ、結果としてスコアは965点（うちリーディングは満点）に達しました。

皆さんも、英語をマスターしようと思ったら、英語で「何がしたいのか」、あるいは英語ができたら「可能になる夢」が自分にないか、ぜひ探してみてください。どんなに小さなものであっても、「好き」につなげることができれば、「英語学習」の推進力がアップするはずです。

第6週

clumsy とその仲間たち

《今週の単語》

clumsy
bumbling
awkward
butter-fingered
restless

今週は、「ぎこちない」シリーズです。注意散漫で落ち着きがないのと、緊張して動きがギクシャクするのとでは、ボキャも違ってきます。

今週の
スタートは
"clumsy"

《今日の単語》

☞ clumsy

「ぎこちない、落ち着きがない」[klʌ́mzi]

昔々、専門学校時代のこと。
クラスの生徒の一人がご自分のご主人のことを、
"not steady and hit tables and drop things"
と描写しました。それを聞いていたおそらく全員が、「？」と思っていると、すかさず講師が、
"You mean he's clumsy?"
と救いの手。そうして、clumsy person とはどういう人かをパフォーマンスで見せてくれました……。
バタバタ足をX字に交差させながらよろよろ歩き、そこら辺の机にガタガタぶつかりながら、片っ端からレロレロと本やノートを手にとってはバサバサ落とす……。
まるで、「8時だヨ！全員集合」の、志村けんとカトちゃんペの「じぃさんや」「ばぁさんや」のコントのようで……。あ、また昔話に花が咲きそうなので、先に解説を（汗）。

"moving in an awkward way and tending to break things（おかしな仕方で動き、よく物を壊したりすること）"

挙動不審ですかい。
……で、カトちゃんペ。
「じじじじじ、じぃぃさんやぁぁ〜」と、震える手で縫い物をしている（ハズの）けん婆さんが、そのまま自分の腕まで縫っちゃったり、「ななな、なぁぁんだい、ばぁさんや〜」と返事するカト

ちゃん爺さんが、湯飲みをもっている自分の手にお茶を注いでしまったり、カクカク震えながらハチャメチャなやり取りをする2人のコント。

clumsy という形容詞がぴったりの場面の数々でした。

Longman の定義では、モノを壊しがちであること、とされていますが、べつに壊さなくても、そこらじゅうにぶつかったり、しょっちゅう手元がくるってモノを落としたりと、「落ち着きがない」状態を指してこう言います。

《《今日の例文》》

"Kyoko, are you OK? This is the third plate you broke so far today. Why are you so clumsy?"
"Judy, you forget? Today is St. Valentine's day！"
「京子、大丈夫？　今日お皿を割るのこれで3枚目よ！　なんでそんなに落ち着かないの？」
「ジュディったら、忘れたの？　今日はバレンタインデーなのよ！」

〈今週の単語　clumsy／bumbling／awkward／butter-fingered／restless〉

今週の
スタートは
"clumsy"

《今日の単語》

👉 **bumbling**
「ヘマをする」[bʌ́mblɪŋ]

改めてこの単語を英英でひいて、ちょっと切なくなりました。

"behaving in a careless way and making a lot of mistakes（不注意な言動で、たくさん間違いをする）"

えーん。本人に悪気はないんですぅ。
……と、かばいたくなるような解説。Longman も非情だなぁ（辞書に情も非情もないけど）。

昨日の「clumsy」は、ただ「おかしな動き、ぎこちない動き」というだけでしたが、「bumbling」となると、「ケアレス」とはっきり斬られてしまいます……。注意が足りずに、そそっかしいことをする、失敗をする、ミスをする。

ですので、対訳はこれも非情に「ヘマをする」。あくまで、形容詞ですので、「ヘマをする人」みたく（こんな言い方はしませんが）、名詞に付きます。Longman でも「only before noun」と注意書きが付いています。

ま、かわいく言えば「おっちょこちょい」ってとこでしょうね。mistake によっては、かわいいじゃ済まされませんが……。

a bumbling clerk　おっちょこちょいな店員
a bumbling student　そそっかしい生徒
a bumbling character　ドジな性格（痛っ……）

もとの単語は動詞で「bumble」、混乱して支離滅裂なしゃべり方をする、とか、昨日の clumsy のように、落ち着きのない動きをする、という意味。

　形容詞のほうがイタイですね（涙）。

　そうそう、この単語の次にあったのが、「bumblebee」、直訳すると「挙動不審バチ」？？？……いえ、「マルハナバチ」のことでした。

　マルハナバチは、大きくて、毛がふさふさしたハチです。時々見かけます（埼玉では）。結構カワイイです。刺されたことはありません。

　実はこのハチ、ものすごい音を立てて飛ぶのですが、

　ぶぅぉぉぉぉぉ～～……ん……バシッ！……ん、ぶ、ぉぉぉぉぉ～～……ん……バシッ！……ン……

　と、超 rough な飛行で、あちこちにぶち当たるんですよ……涙。

　たしかに…… bumble してる…… (o¦o)』≡≡≡ 〈〈(V)x¥x(V) うぎゃ。

　だからって、それを名前にしなくても！　やっぱり、非情だ！！！

　後日談。

　《今日の単語》で紹介した「bumblebee」に関して、読者の方から興味深いメールをいただきました。詳しくはコラム「メルマガの効能」をお読みくださいね。

〈今週の単語　clumsy ／ bumbling ／ awkward ／ butter-fingered ／ restless〉

今週の
スタートは
"clumsy"

《今日の単語》

☞ awkward
「(言動が) ぎくしゃくした、おかしな」 [ɔ́:kwərd]

3年E組、カタオカフミコさん〜！
ハイ！……
中学校の卒業式。あれほど練習したはずが、緊張してやっぱりヤッチマイマシタ。
右手と右足が一緒に、ホイ！　左手と左足が一緒に、サ！　ホイ、サ！　ホイ、サ！　ホイ、サ！……。自分では、まーーったく気づかなかったんですけどね。
このような状態を、awkward と言わずして、なんと言う。

"moving or behaving in a way that does not seem relaxed or comfortable, especially because you feel nervous or embarrassed (リラックス感や楽な感じがしない動きや言動の、特に緊張したり恥ずかしい思いをしているときなど)"

そのまんまや〜。
でも、昨日の非情な「ケアレス」bumble 君とは違い、今日は同情の余地アリかも。
緊張とか恥ずかしさなどの、人をパニックにさせてしまいかねない感情を味わったときの、頭ばかりか体まで動きましぇ〜ん（涙）という状態のことです。ぎくしゃくした、こっけいな、妙な、など、いろいろ訳せますが、「ぷぷぷっ」と"おかしい"のは funny ですので、それよりはクール。心配交じりにちょっとビックリ！　みたいな感じでしょうか。

080

《今日の例文》

I saw Jane, Dick's girlfriend, yesterday for the first time. I know I was a bit awkward... she was so lovely!
「昨日、ディックのガールフレンドのジェーンに初めて会ったんだ。僕、ちょっと挙動不審だったかも……だって、ジェーンがすごく可愛い人だったんだもの」

Whenever I recall myself walking up to the platform in an awkward way at the graduation ceremony, I blush.
卒業式で壇上に上がったときの、自分のおかしな歩き方を思い出すたび、顔が赤くなる。

《今日の単語、おかわり！》

- *** **for the first time** 　　初めて
- *** **recall** [rikɔ́:l] 　　思い起こす
- ** **platform** [plǽtfɔ:rm] 　　演壇
- ** **graduation ceremony** 　　卒業式
- *** **blush** [blʌʃ] 　　赤面する

〈今週の単語　clumsy／bumbling／awkward／butter-fingered／restless〉

今週の
スタートは
"clumsy"

《今日の単語》

☞ **butter-fingered**
「よく物を落とす、しょっちゅう指先が滑る」

長いぞ。形容詞のくせに。
　日本語で言うと結構長い説明を、サラリと一言で言える英単語が見つかると、結構感動します。今日の「butter-fingered」もそのひとつ。
　直訳すると、「バターの指をした」。どゆこっちゃ？

"【butterfingers】[名] [singular, informal] someone who often drops things they are carrying or trying to catch（【butter-fingers】で単数扱い名詞・口語的：持っているものや手に取ろうとするものを、しょっちゅう落とす人のこと)"

　butter はもちろん、牛乳から作るバターのこと。butterfinger で「バター指」、つまり、バターが付いた指。バターの付いたぬるぬるの指で物を持ったりつかんだりしようものなら……ツルン！ですね。
　そこから、「よく物を落とす」手先がおっちょこちょい？な人のことを butterfingers というのです。で、それが形容詞になると、butter-fingered となるそうな。バターが指に付いた＝手先が不器用な、そそっかしい、ということ。
　名詞が「-fingers」と複数形なのは、おそらく物をつまむのに指が実質複数必要なので、ひとまとまりにして（集合体として）考えるからでしょう。
　あくまで [informal] とありますので、それなりの場所・場面・

お相手では使わないのが良いでしょう。

《《今日の例文》》

"Hey, let me carry that vase."
"Oh, thank you. But why?"
"Because I know you are quite butter-fingered."
「あ、ちょっと、その花瓶私が運ぶわ」
「まあ、ありがと。でも何で?」
「あなたがしょっちゅう物を落とすって知ってるからよ」

If you ask Rose to do the dishes, be prepared for a little shock; she's rather butter-fingered and will break a few plates.
ローズに洗い物を頼むんなら、少々のショックは覚悟しておいたほうがいいわよ。彼女、かなり手先が不器用だから、お皿の一枚や二枚は犠牲になると思って。

《《今日の単語、おかわり!》》

*** **vase** [veis]　　　　　花瓶

*** **be prepared for ~**　~に対して心の準備をする、~を覚悟する

*** **plate** [pleit]　　　　皿

〈今週の単語　clumsy / bumbling / awkward / butter-fingered / restless〉

今週の
スタートは
"clumsy"

《今日の単語》

☞ restless
「ちょこまかした、落ち着きのない」[réstləs]

「休み (rest)」が「なし (less)」で、=落ち着きがない、せわしない、そわそわした。
　緊張しているためか、心配しているためか、退屈なのか、とにかくじっとしていない状態を言います。

"unable or unwilling to keep still, especially because you are nervous or bored（特に緊張したり退屈しているために、じっとしていられない、していたくない)"

「おっちょこちょい」とか「ケアレス」とか「不器用」とはちょっと違って、必ずしも物を壊したり落としたりするわけではありません。ですがもちろん、意味もなく？　歩き回ったり、立ったり座ったり……するうちに、ぶつかったり落としたりすることもないとは言えません。
　とはいえ、やはりこれまでのボキャと違い、「そわそわした」とか「じっとしていられない」という、心地の悪さや不安定な感じが、この語の一番の特徴です。「restless」の rest は、「心の安らぎ」という意味もありますから、文字どおり心の安らぎのない状態、と覚えておくと良いでしょう。

《今日の例文》

"What's the matter with Mr. Sato? I've never seen him being so restless."
"He's being a father today!"
「佐藤さん、どうしたの？ 彼があんなにそわそわしているのを初めて見たわ」
「彼、今日パパになる予定なんだって！」

The kids were getting so tired of the teacher's story, some went nodding off, others got restless.
子供たちは先生の話にすっかり飽きてしまって、こっくりこっくりしたりちょろちょろしだす子もいた。

《今日の単語、おかわり！》

- *** **see [人] ～ing**　　人が～しているところを見る
- *** **tired of ～**　　　～にウンザリする、～に飽きる
- *** **nod off**　　　　こっくりこっくり（居眠りを）する
  - → **go nodding off**　うとうとしだす、こっくりしだす

〈今週の単語　clumsy ／ bumbling ／ awkward ／ butter-fingered ／ restless〉

今週のスタートは "clumsy"

[今週の単語 builder]

今週のボキャの中から、最も適切な語を空欄に入れましょう。

① Be super-careful when you put the dishes away - you are so ( )!
お皿をしまうときは特に気をつけるのよ。しょっちゅう手を滑らすんだから。

② Everyone knows his ( ) character.
彼のおっちょこちょいなところは皆よく知っている。

③ Keep an eye on that ( ) boy - he might have stolen something.
あのちょろちょろしてる少年を見張ってて。万引きしてるかもしれないから。

④ Don't let Joey do the job; he's so ( ) he will mess it up.
ジョーイにはその作業をさせないで。不器用だからきっとメチャメチャにしちゃうわ。

⑤ His friends laughed at his ( ) movement.
彼のぎこちない動きを友達が笑った。

※解答は 98 ページ

[先週の単語 builder 解答]

① furious
② steaming
③ boiling
④ wrathful
⑤ inflamed

第7週

fight とその仲間たち

《今週の単語》

fight
quarrel
spat
squabble
dispute

「昨夜夫婦げんかして」「兄弟げんかばかり」「上司と激しくやりあった」「ご近所さんと口げんか」「両チームいがみ合い」……
↑このすべてに「fight」を使っては芸がない（？）し、なによりそれぞれのニュアンスの違いが伝わりませんよね。
そこで！　今週のテーマ：「ケンカはやめてぇ〜♪」犬も食わないケンカシリーズ！　でいきたいと思います！

今週の
スタートは
"fight"

《今日の単語》

☞ fight
「ケンカ」[fáit]

「fight」を英英で調べたはいいが、その定義の多さにしばし呆然……。全部を載せるわけにはいきませんので、代表的と思われるものを、2つ。

その1："if someone fights another person, or if two people fight, they hit and kick each other in order to hurt each other（ある人が他の誰かと、あるいは二人の人間が「fight」する、という場合、その二人はお互いを痛めつける目的で殴ったり蹴ったりする）"

その2："to argue about something（あることについて議論すること）"

　非常にわかりやすい！　ですね。
　暴力を含むものも含まないものも、争っていればそれはすべて「fight」ということ。
　ただ、小学館の「プログレッシブ英和」にある注釈によれば、一般には「fight」は関与する人数は少数で、大人数による闘争の場合は「battle」を使う、とのこと。
　たしかに、軍隊などの場合は「battle」のほうがよく使われていますが……厳密に使い分けられたり、軍隊が「fight」した、と言っておかしいわけではありませんので、ご参考程度に。

088

《《今日の例文》》

Two guys who were sittng next to me got badly drunk and started to fight.
隣に座っていた二人の男が深酔いし、ケンカを始めた。

"Mom, Dad, please stop fighting."
"Oh, sorry Lisa, but don't worry. This's just a grown-up stuff."
「ママ、パパ、ケンカしないで」
「まぁ、ごめんなさいね、リサ。でも大丈夫よ、大事なお話をしているだけなの」

《《今日の単語、おかわり！》》

- *** **badly** [bǽdli]　ひどく
- *** **drunk** [drʌŋk]　酒に酔って
- *** **grown-up**　大人の
  - → grown-up stuff　（子供にはわからない）大人の問題

〈今週の単語　fight／quarrel／spat／squabble／dispute〉

今週のスタートは "fight"

《今日の単語》

☞ quarrel

「口論、ケンカ」[kwɔ́(:)rəl]

"an angry argument, often about something that is not important
（怒りのこもった議論。重要でないものについてのことが多い）"

　quarrel の解説に入る前に、fight について一言。殴り合いなどの物理的な暴力や武器の有無、個人同士あるいは国や民族レベルなどを問わない、広い意味での「争い」を指すのが fight です。口げんかも fight なら、戦争も fight です。それだけに当然多く使われますので、なるべく多用を避けるのがポイントです。

　quarrel については、「argument」で表されているように口頭でやりあうケンカを言います。しかも、angry（怒っている）というのがミソ。argument も、そこそこヒートアップした議論を指しますが、それなりの題材や感情、信念があってこそ感情が高ぶる、といった感じ。

　一方今日の quarrel は、内容はともかく、とにかく感情的になって怒ってやり合う、というニュアンス。まぁ、Longman は「重要ではないことでやり合っていることが多い」とダメ押ししていますが……（笑）。日本語の「口げんか」も、ちょうどそんなニュアンスですね。

　この quarrel、上記の名詞のほかに、同じつづりで動詞もあります。意味はそのまま、「To have a quarrel（口げんかをする）」となります。

090

《今日の例文》

Kimiyo got into a silly quarrel with her boyfriend last week and is still hesitating to call to patch up.

キミヨは先週彼氏とくだらないことで口げんかをしてしまい、いまだに仲直りの電話をするのに二の足を踏んでいる。

It takes two to make a quarrel.

けんかをするには二人必要だ＝けんか両成敗。[諺(ことわざ)]

My 2 younger brothers always quarrel about which TV program to watch.

私の下の弟二人は、どのテレビ番組を見るかでいつもけんかする。

《今日の単語、おかわり！》

- *** **get into ~**　　～を始める、入り込む
- *** **silly** [síli]　　愚かな
- *** **hesitate to ~**　　～することをためらう
- *** **patch up**　　（けんかの）仲直りをする

〈今週の単語　fight／quarrel／spat／squabble／dispute〉

今週の
スタートは
"fight"

《今日の単語》

☞ **spat**

「ちょっとした言い合い」[spæt]

↑対訳長っ。はじめは「言い合い」としたのですが、ニュアンスが足りずに付け足しました。

"[informal] a short unimportant quarrel（口語：短く重要でない口論）"

quarrel の仲間でありながら、かつ「短く」「重要でない」ものを「spat」と言うわけですが、Oxford の Thesaurus はここのところをさらに具体的に掘り下げて、

"A spat is a petty quarrel, but it suggests an angry outburst followed by a quick ending without hard feelings（spat とはたわいのない口論を指すが、怒りが一気に噴き出すもののすぐに収まり、後腐れがない、という意味合いがある）"

と解説しています。

感情的になってワーッと言い合いますが、本気でやり合ったり傷つけあうには至らず、お互いイヤな気分も残らない、さっぱりしたもの。特に、仲のいい者同士がたまにちょっと言い合う、といったニュアンスですね。

ということで、訳語は「ちょっとした言い合い」となりました。「"スパッ！と" 終わる言い合いが spat！」てな具合ですかね。……寒ぅ。

092

《今日の例文》

Don't worry about these childish spats. They are quite normal.
子供のそうした言い合いは普通のことだから、心配は無用よ。

My parents had another spat this morning about whether they should cook the egg sunny-side up or an omelette.
うちの両親は今朝もまた、卵を目玉焼きにするかオムレツにするかで言い合っていた。

《今日の単語、おかわり！》

*** **childish** [tʃáildiʃ]　子供の
*** **sunny-side up**　目玉焼き

〈今週の単語　fight／quarrel／spat／squabble／dispute〉

今週のスタートは "fight"

《今日の単語》

☞ squabble

「言い争い」 [skwɑbl]

　この前の「spat」とどう違うの？　と思いますよね。似ているようで実は違う！　のがこの２つ。

"to quarrel continuously about something unimportant（重要でないことについていつまでも口論すること）"

　この「squabble」は動詞も名詞も同形のため、Longman は動詞のみを解説していますので、名詞も意味としてはまったく同じと思ってください。
「重要でないことについて」口論する、というのは spat と同じですね。squabble の大きな特徴は、「quarrel continuously」、いつまでも、長々と、言い争うという点です。
　感情的になってワーッとやりあうものの、すぐにスパッと終わって後腐れないのが spat でしたから、squabble はその点は逆、ということになります。
　つまらないことで、だらだらと言い争いをする、ということで、子供の口げんかなどを指してよくこの「squabble」が使われます。Oxford の Thesaurus で、

"squabbles...are childlike disputes over trivial matters（squabble とは、つまらないことをめぐっての子供っぽい言い争いのことである）"

と解説しているとおりです。ここで出てきている dispute については明日解説しますが、基本的には「長く続く口論」を意味します。

squabble の用法としては、前述のように動詞と名詞がありますが、たいてい前置詞 about（〜について）、over（〜をめぐって）をつけて、「何のことで」言い争っているのか、という補足情報が後に続きます。

《《今日の例文》》

The kids are still squabbling about which TV program to watch.
子供らはどの TV 番組を見るかで今も口げんかの真っ最中だ。

The parents are squabbling over the color of the curtain.
親たちはカーテンの色をめぐってつまらない言い争いをしている。

Stop squabbling and do your homework!
いい加減けんかをやめて宿題をしなさい！

今週は
スタートは
"fight"

《今日の単語》

👉 dispute

「争論」[dispjúːt]

　これまでの「口げんか」とはちょっと種類が異なるのが、今日のボキャ「dispute」。昨日もちょろっとご紹介しましたが、より深刻な口論、といった感じになります。

< Longman > "serious disagreement: a situation in which two countries or groups of people quarrel or disagree with each other（深刻な意見の衝突。2つの国あるいは人々のグループが、互いに口論または意見を衝突させている状況)"

< Oxford Thesaurus > "a verbal argument...that is carried on over an extended period of time（長い時間・期間にわたって続けられる口頭での議論)"

　Longman の解説では、特に「長い時間続く」という点を述べてはいませんが、あえて言えば「a situation（状況）」ということで、ある程度の持続性はうかがえるでしょう。また、「国や人のグループ」と述べていますが、もちろん個人対個人のケースでも「深刻で長く続く口論、論争」といった場合には問題なく使われています。
　そして、「深刻な」「議論」「論争」ということですから、当然「つまらない」ことについての言い争いでもありません。政治経済や人権にかかわることなど、やはり深刻なケースで使われることも多いです。ただ、その裏を返して、つまらないことで言い合

っているのを皮肉って使うことはあります。

《《今日の例文》》

The dispute between labor and management dragged on for several weeks.
雇用者・管理者間のその論争は数週間も続いた。

This dispute about who does the dishes seems to go on forever.
誰が皿洗いをするかについては、この議論を一生続けても終わらないな。

《《今日の単語、おかわり！》》

- *** **labor** [léibər] 　　　　　　労働者
- *** **management** [mǽnidʒmənt] 　管理者、経営陣
- *** **drag on** 　　　　　　　　ダラダラ長く続く
- *** **do the dishes** 　　　　　皿洗いをする
- *** **go on** 　　　　　　　　　続く

今週のスタートは "fight"

[今週の単語 builder]

今週のボキャの中から、最も適切な語を空欄に入れましょう。

① Mary had a ( ) with her brother and is still sobbing.
メアリーはお兄さんとちょっとした言い合いをし、まだべそをかいている。

② I had a ( ) with my wife last night and don't know how to make up.
妻と夕べ口論をしたが、どうやって仲直りしたらいいかわからない。

③ What are you ( ) over?
何のことでそんなにグチグチ言い合っているの。

④ Don't ( ) in front of your kids.
子供の前でケンカするな。

⑤ Both parties were tired of the longstanding ( ).
積年の論争に、どちらの側も疲れきっていた。

※ 解答は 110 ページ

[先週の単語 builder 解答]

① butter-fingered
② bumbling
③ restless
④ clumsy
⑤ awkward

第8週

hang in there とその仲間たち

《《今週の単語》》

hang in there
stick to it
good luck
do your best
go for it

たくさんありますね。「頑張る」。似ている表現や、あるいは状況や相手によっては使えない！！ものもあります。

今週の
スタートは
"hang in there"

《今日の単語》

☞ hang in there
「踏ん張る」

　まず、今日一発目の「hang in there」。おなじみ Longman でチェックしてみましょう。

"[informal] to remain brave and determined when you are in a difficult situation（困難な状況でも、勇気や決意を失わずにいること）"

　ほほ〜ぅ。わかりやすいですな。「hang in there」とは、難しい状況にあるときに「負けるな！」「くじけるな！」「踏ん張れ！」と言う場合に使われます。
　あえて直訳すれば、「そこにぶら下がっていて！」。崖っぷちで足を滑らせ、腕一本で歯を食いしばってしがみついている感じ……と覚えましょう……く、くるちぃ……。
　なので、(You) Hang in there! は、
くじけるな！
負けるな！
もう少しだ、頑張れ！
踏ん張れ！
へこたれるな！
といった意味になります。あくまで、困難の中にある人に言う言葉ですので、たとえばマラソンでスタートした直後とかに「頑張れ〜〜〜！」と言おうと、
Hang in there 〜 !!　キャー

とか言ってしまってはヒンシュクです。「Hang in there!」は、いよいよ35キロ地点を通過して、表情が険しくなってきて、ペースも落ちてきた……というときに、闘魂！！ ハチマキをして言ってあげましょう。

《《今日の例文》》

"Oh, no. This is my 5th try for the certificate exam, and I failed again!"
"Hang in there! You've been working pretty hard for this all these years."

「あーあ、この検定試験受けるの、今回で5度目だったのに。また落ちちゃった」
「あきらめちゃダメよ！ このために今まで何年も頑張ってきたんだから」

《《今日の単語、おかわり！》》

*** **try** [trai] 　　　　　試み
** **certificate exam** 　検定試験
*** **fail** [feil] 　　　　　（試験に）落ちる
*** **pretty** [príti] 　　　　とても、かなり

今週の
スタートは
"hang in there"

《今日の単語》

☞ stick to it
「粘る」

こちらも、「hang in there」と似たような意味です。
「stick to it」を直訳すると、「それにくっつけ」。なんとなく、意味がわかりますね。

"to continue to work or study in a very determined way in order to achieve something（あることを達成するために、断固とした決意で作業や研究を続けること）"

んー。これこれ。大事ですよね…。なんか、励みになる言葉だなぁ、stick to it……。

ここで出てくる「it」とはもちろん、今やっている「work or study」です。work といっても「仕事」ということには限らず、自分が取り組んでいること、努力を傾けていること、そういうこと全般を指しています。study も同じで、学校のような勉強に限りません。深く調べたり学ぶことを study と言います。

人生、work & study ですな。うむ。

で、それに「stick（べったりくっつく）」、で、「粘る、やり続ける、貫く」といった意味になり、「Stick to it!」で「頑張れ！」と訳されるわけです。

ちなみにこちらは、苦難にある場合に限りませんが、少なくともすでに何かを「やり続けている」「トライしている」ことが前提です。なにせ、"continue" to work or study... ですので、これから新しいことを始める人に言う言葉ではありません。stick する

102

「it」が、あらかじめないといけないのです。

となると、競技中の選手に向かって、「Stick to it!」とは普通言いません。本番ですので。競技を控えてスランプに陥っているとか、練習に疲れている選手に言うのなら意味が通じます。とにかく、相手が何かの「渦中」にある、というのが条件です。そこから「動くな、粘れ、やり続けろ」、と励ますわけです。

《《今日の例文》》

"Hi Nick, how's your tennis going?"
"Well, my new coach is such a fireball I'm getting a bit weary."
"Is he? But you know you got to stick to it."

「やぁ、ニック。最近テニスはどう？」
「うーん、新しいコーチがかなりの熱血漢でね〜。ちょっと疲れてきてるかな」
「そうなんだ。でも踏ん張らないとね」

← 「Is he?」は、語尾を上げて言うと「そうなの？」と、意外性や軽い驚きを表現し、語尾を下げて言うと「へえ、そうなんだ」と理解や確認を表現することができます。

《《今日の単語、おかわり！》》

- *** **coach** [koutʃ]　　　コーチ
- ** **fireball** [fáiərbɔ̀:l]　熱血漢、やり手
- *** **weary** [wí(:)əri]　　疲れた、うんざりした

〈今週の単語　hang in there／stick to it／good luck／do your best／go for it〉

今週の
スタートは
"hang in there"

《今日の単語》

☞ **good luck**
「幸運（を祈る）」

　いざレース本番！　の選手に向かって「Stick to it!」と言っては、「はぁ？！」と反感を買うこと間違いなし。それでは、そんなときの「頑張れ！」は……。
　まずあげられるのが、「Good luck!」という言葉。これは皆さんも良くご存知ですよね。幸運を祈る！　と、相手の努力や決意、行動が成功することを願い、声をかけるときの言い方です。「Good luck!」とだけ声をかけてももちろんOKですが、「○○頑張ってね」と言うようなときには、「in」を使います。

Good luck in your test tomorrow.
明日のテスト頑張ってね。

Good luck in your new business.
新しく始めた仕事頑張ってね。

……という具合。
　後は運にゆだねる、というニュアンスですので、「もっとやれ」とか「あきらめるな」といったpush感はありません。ただ、昨日のボキャとは反対に、悪戦苦闘している人に言うと突き放した感じになりますのでご注意。

《《今日の例文》》

"Leo, you're on."
"Oh, OK."
"Good luck!"
「レオ、君の出番だよ」
「あ、はい」
「頑張ってね！」

"Good luck in your presentation tomorrow, your first big job!"
"Thanks. I need it."
「明日のプレゼン、初の大仕事でしょ、頑張ってね」
「ありがと。その一言が欲しかったの」

《《今日の単語、おかわり！》》

** on 出番で
*** presentation [prìːzəntéiʃən] プレゼンテーション

〈今週の単語　hang in there / stick to it / good luck / do your best / go for it〉

> 今週の
> スタートは
> "hang in there"

《今日の単語》

☞ do your best

「全力を尽くす」

　本番を控えて不安になっている人や、何かにトライしてみようなど、一歩先に踏み出す人に対して使う言い方です。結果はわからないけれども、前向きに取り組む、という印象を与えます。あとはあなたしだい！　という感じ。

　直訳すると、「あなたの最善を行え」＝最善を尽くせ、ということですから、そういう意味では前回の「Good luck」同様、努力やその他できることは今までやってきたので、あとはその最高のものを発揮するだけ、という意味が含まれています。

　ただし、裏返すと「今までは best なものを出していなかった、十分やっていなかった」といった意味にも取れるので、誰から見てももうすでに十分やっている実力のある人、またはプロにこれをいうと、「わかってるよ！！！！」「当たり前だ！！！！」と怒られてしまう可能性アリ（涙）。

　とはいえ、切羽詰まった状況で、自分に言い聞かせたり、本人が、周りに発する言葉として「（自分の）ベストを尽くします」というのは良く聞かれますし、問題はないでしょう。

　「do your best」の後に to 不定詞をもってくれば、「～するために全力を尽くす」という言い方もできます。ご参考まで。

《今日の例文》

Don't worry about the result. Concentrate on what you're doing and do your best. All others will then follow.
結果のことは気にするな。今やっていることに集中し、ベストを尽くすんだ。そうすれば、あとのことは皆ついてくる。

If you're not doing your best, you'd better quit.
全力を尽くせないのなら、やめたほうがいいですよ。

《今日の単語、おかわり！》

*** result [rizʌ́lt]	結果
*** concentrate on ~	~に集中する
*** follow [fálou]	ついていく、従う
*** had better ~	~したほうが良い（アドバイスするときの言い方）

〈今週の単語 hang in there / stick to it / good luck / do your best / go for it〉

今週のスタートは
"hang in there"

《今日の単語》

☛ go for it
「思い切ってやってみる」

　この「go for it」、昨日までのボキャと同じく、安易に「頑張れ」で理解しちゃうと、ノンノン。チッチッチッチ。d(v.v)

"to do everything you can to get something（何かを得るために、できうる限りの手を尽くすこと）"

　単に元気付ける「ガンバ！」とか「ファイト！」とは明らかに違いますね。この場合は、ある目的のため、何かを手に入れるために、「やれることをとにかくすべてやる」、「思い切ってやってみる」、「一か八かやってみる」ということ。どちらかというと、「当たって砕けろ！」のニュアンスに近いです。
　なお、この語はインフォーマルな言い回しなので、かしこまった場では使わないように。

108

《《今日の例文》》

If you really want the house, go for it.
ほんとにその家が欲しいんなら、やるだけの手を尽くしてみたら。

You think this is the chance, then just go for it.
今がチャンスだと思うんだったら、一か八かやってみなよ。

Chances are it will work this time. We must go for it!
今回はうまく行くかもしれない。これに賭けてみるべきだよ。

《《今日の単語、おかわり！》》

*** **chances are ~**　　〜かもしれない、〜の可能性が強い
  → chances are の後には、主語＋動詞の節がきます。

*** **work** [wə:rk]　　効果を発揮する、成果を出す

〈今週の単語　hang in there／stick to it／good luck／do your best／go for it〉

今週の
スタートは
"hang in there"

[今週の単語 builder]

今週の、ボキャの中から、それぞれ最もふさわしい表現を選びましょう。

①（努力してきた選手に）あとはがんばれよ！

②（ゴール目前で歯を食いしばっているランナーに）もう少しだ！

③（くじけそうなチームメイトに）あきらめるな、がんばれ。

④（試合に出る友人に）がんばってね！

⑤（チャンスを前に迷っている同僚に）思い切っていけ！

※ **解答は 122 ページ**

[先週の単語 builder 解答]

① spat
② quarrel
③ squabbling
④ fight
⑤ dispute

第9週

give in とその仲間たち

《《今週の単語》》

give in
give up
surrender
yield
quit

「give up」ばかりが「あきらめる」ではありません。甘い言葉や笑顔に折れて譲歩する場合と、嫌気がさして放り出すときでは、当然使う単語も違ってきます。

今週の
スタートは
"give in"

《今日の単語》

☞ give in
「譲る、あきらめる」

あるアメリカのドラマで、AしてほしければBを捨てろ、と究極の選択を迫られ、でもBを捨てるなんてできない！　と思った主人公が言ったセリフ：
「I really don't seem able to give in.」
字幕はなかったのですが、あえて訳すなら、
「やっぱりどうもその話には応じられないわ」
てな感じでしょうか。
なんで「give in」で「応じる」？？？　そもそも、「あきらめる」は「give up」では？　と思っている、そんなとき。

"to unwillingly agree to someone's demands after they have spent a lot of time arguing with you, trying to persuade you etc"

ちょっとややこしいかもしれないので、訳しますね。
「誰かがあなたと議論したり、あなたを説得しようとしたりした結果、仕方なくその人の要求に応じること」

「あきらめる」といっても、いろいろなあきらめ方があります。今回の「give in」は、「in」、つまり「内側に入る」かたちであきらめること、つまり、「折れる、譲る、譲歩する、妥協する」という意味になります。
わかりやすくイメージにすると…うーんと…たとえば、2本のポッキーを、頭をつき合わせて押し合いしたとします。

(ポッキーA) ——————☆—————— (ポッキーB)
オ〜エス！オ〜エス！ →　←
こうしてしばらく押し合いした後……
——☆——

ポキッ！
　と、ポッキーAが折れてしまいました。結果、ポッキーBの勝ち〜。
　……と、これが、give inです。ポッキーAが「give in」。英文にすると、PockyA gave in.　となります。
　ポッキーがポキッ！……なんでポッキーなんだとか聞かないでくださいね（汗）。それはともかく。
　押し合って、ポキッ！となるのが、give in。もうそれ以上押し合うのをあきらめて、折れたんですね。
　Longmanの解説では「unwillingly（仕方なく）」とありますが、これは必ずしも「嫌々」とは限りません。ルパン三世が不二子ちゃんの甘い言葉にのせられて、「仕方ないなァ〜♪」と鼻の下を伸ばしているときも「give in」だったりします。

《今日の例文》

After arguing more than 3 hours, finally Todd gave in and signed the paper.
3時間以上も議論したあと、ついにトッドが折れて書類にサインをした。

If you really think you're doing the right thing, don't give in.
自分は正しいことをしていると本当に思うのなら、あきらめるな。←「あきらめるな」は、反対に対して負けるな、折れるな、言い分を譲るな、ということです。ポッキーのように、押し合う相手がいるわけですね。

〈今週の単語　give in ／ give up ／ surrender ／ yield ／ quit〉

今週のスタートは "give in"

《今日の単語》

☞ **give up**
「あきらめる、投げ出す」

　さてさて、一般に「あきらめる」で使われる「give up」は、「give in」に比べてどうなのでしょうか？　これはつまり、「in」と「up」の違いですね。「in」と「up」の違いやいかに。

"to stop attempting to do something, especially something difficult, without completing it（やろうとしていることを、最後までやり遂げる前に止めること。特に難しいことを断念すること）"

　たとえば……「今年こそ、夢の３億！」と、毎年多額のマネーを宝くじにつぎ込んでいたとして。……でもやっぱり今年もダメだった……；；　あなたはヤケを起こして、持っていたくじ数十枚を宙に放り上げて一声！「あぁ、もう、宝くじなんて、や～～めたぁぁぁ！！　所詮、億万長者なんてありえないんだから！！！」はらはらと宙に舞う宝くじ……。
　夢＝３億を追うのを、give up した瞬間です（涙）。放り投げる＝up、のイメージで、どうでしょうか。
　事実、「up」には「終える、仕上げる」という意味があります。本当はまだ終えるべきでないところ、仕上がっていないところで、自分から「up」してしまう、つまり終わりにしてしまう。なんとももったいない響きが……。ですのでこちらは、「give in」にあったような"押し合い"は関係ありません。自分の判断や意思で、「終わりにしよう」と結論し、止めてしまうのですね。

《今日の例文》

Amy always gives things up before even trying.
エイミーはいつも、やってみもしないうちからあきらめてしまう。

The crews gave up reaching that island because of nasty weather.
天候がよくなかったため、船員たちはその島に行くことをあきらめた。

《今日の単語、おかわり！》

- ** **crew** [kruː]　　船員
- *** **reach** [riːtʃ]　　目的地に向かう（結果としてそこに到達する）
- *** **nasty** [næsti]　　やっかいな、ひどい

〈今週の単語　give in ／ give up ／ surrender ／ yield ／ quit〉

今週のスタートは "give in"

《今日の単語》

☞ surrender
「放棄する」[səréndər]

"to give up something that is important or necessary, often because you feel forced to"

「important」や「necessary」なのに、feel forced、つまり「せざるをえない」と感じて、やめてしまうこと、つまりあきらめること。それが「surrender」。これはもう、押し合いなどというある意味対等なものではなく、力関係ができてしまっています。やめさせる方と、やめさせられる方。

第一義は「(戦いで) 相手に降伏すること」ですので、それを日常生活に敷衍させたと思ってください。語源はアングロフランス語で「sur- 上に ＋ rendre 与える」＝すべてを捧げる、与える、ということですので、完全白旗、お好きなようにしてください……(涙) の状態といえます。

整理すると、

◎ give in　は、対等な押し合いの末に、妥協する。
◎ give up　は、対象が難しかったり悪かったりして、やめる。
◎ surrender　は、力に屈して、すべて捧げる。

ほほ〜ぅ。微妙に違うもんですなぁ。やっぱり。

イメージとしては、give in はポッキー(しつこい)、surrender は白旗、give up は宙に舞う宝くじ……がよろしいのでは。

用法は、surrender は他動詞になりますので、そのまま目的語を取ります。「surrender ＋ (放棄するもの)」です。

《今日の例文》

The musician had to surrender his creative ideas to make a hit.
そのミュージシャンは、ヒットを狙うがために、自分独自のアイデアをあきらめなければならなかった。←「ヒットにしないと……」という、有形無形の？プレッシャーに「屈して」、独創的なアイデアという「大事なもの」を放棄したわけですね。

To realize the promotion, Harry surrendered his principles.
昇進を手にするため、ハリーは自分の信念を捨てた。←「昇進」、というか「昇進したいという自分の欲望」に、いわば屈服したことになります……な、なんか、イヤな感じ、surrender って。

《今日の単語、おかわり！》

***	**creative** [kriéitiv]	独自の、創造的な
***	**make a hit**	ヒットする
***	**realize** [rí(:)əlàiz]	実現させる
***	**promotion** [prəmóuʃən]	昇進
***	**principle** [prínsəpl]	信条

〈今週の単語　give in／give up／surrender／yield／quit〉

今週のスタートは "give in"

《今日の単語》

☞ yield

「譲る」 [ji:ld]

　ポキッ！とか、白旗！とか、宙に舞う宝くじとか……どこか強引な印象のこれまでのボキャに比べて、今日の「yield」にはなぜかやさしさや美しさを感じます。

"to agree to do something you do not want to do because you have been forced or persuaded to"

　最初の2単語に、この語の意味が集約されています。「to agree」。同意すること、賛成すること。これまでのボキャは、折れたり放り出したり投げたりと、そこに「前向きな気持ち」が伴っていませんでしたが（しぶしぶ、だから仕方ないけど）、今日の「yield」は、そこに「前向きな気持ち」があるといえます。
　もともと、第一義が「(農産物を)産出する、生み出す、実らせる」という、豊かな意味合いの語であるだけに、たとえそれが「something you do not want to do（自分のやりたくないこと）」や「forced or persuaded to（強いられたり説得されて）」であっても、「わかった、ではそうしよう」という、受け入れる気持ちがあるのが特徴です。
　そういう意味では、「yield」とは、「生み出す」「実らせる」ということが念頭にあって初めてできること、かもしれません。そこには「yield」する人の、心の余裕や心の広さが窺えます。

《今日の例文》

We are always ready to yield on conditions but not on principles.
条件についてはいつでも譲歩する用意があるが、原則については譲れない。

The shop never yields on price.
あの店は絶対に価格交渉に応じない。

《今日の単語、おかわり！》

*** be ready to ～　　　～する用意がある、いつでも～できる

*** condition [kəndíʃən]　条件

〈今週の単語　give in ／ give up ／ surrender ／ yield ／ quit〉

今週のスタートは "give in"

《《今日の単語》》

☞ **quit**

「やめる」[kwit]

　おそらく、「仕事を辞める」や「タバコをやめる」でよく知られているであろう？「quit」。そもそもその基本的な意味とは……？

"[informal] to stop doing something bad or annoying（悪いことや気に入らないことをするのをやめる）"

　うむー、「bad or annoying」はちょっと新鮮。でも、たしかにそういうニュアンスですね。「気に入らないからやめる」というのが基本的な意味。
　ですので、「（好きではない）仕事を辞める」という場合はまさに「quit」で、しかも「あきらめる」というのとは違いますね。でも、「something bad」のほう、たとえば「タバコ」や「麻薬？」や「賭博」や「夜遊び？」……などなど、良くないな〜と思って「やめる」場合については、気持ちとしては後ろ髪を引かれているかもしれませんので、「あきらめる」というニュアンスに近くなります。
　ただ、「quit」の場合は、そこに強い意思、決意がある感じです。たとえ、未練？はあっても、やっぱりよくないことだから、きっぱりやめよう！というような。
　そういう意味では、同じ「stop doing」でも、「難しいから放り出す」という「give up」とは正反対の「あきらめる」になります。

「あきらめる」も深い！

《《今日の例文》》

She quit her job because she felt she was unprized.
正当な評価をされていないと感じたため、彼女は仕事を辞めた。
※ quit は過去形、過去分詞ともふつう変化しませんが、イギリス英語では quitted と言うこともあるそうです。

They quit complaining about each other since they realized it spoils their marrige.
互いの愚痴を言うことが結婚生活をダメにするとわかってから、彼らはお互いのことをブツブツ言うのをやめた。

《《今日の単語、おかわり！》》

** **unprized**	正当な評価をされていない
*** **complain about ~**	～について文句を言う、ぼやく
*** **realize** [rí(ː)əlàiz]	気づく
*** **spoil** [spɔil]	ダメにする、台無しにする

〈今週の単語 give in ／ give up ／ surrender ／ yield ／ quit〉

今週のスタートは "give in"

[今週の単語 builder]

今週のボキャの中から、最も適切な語を空欄に入れましょう。

① If you really want it, don't ( ).
それが本当に欲しいのなら、あきらめるな。

② The playboy ( ) seducing Kate as he found it never worked.
効果がないとわかると、そのプレイボーイはケイトを誘惑するのをあきらめた。

③ Believe in yourself and never ( ).
自分を信じて、絶対に屈しちゃだめだ。

④ After 3 hours of persuasion, he finally ( ).
3時間もの説得の後、彼はついに折れた。

⑤ We are ready to ( ) to your requests.
そちら側の求めにいつでも譲歩する用意があります。

※解答は 134 ページ

[先週の単語 builder 解答]

① Do your best!
② Hang in there!
③ Stick to it!
④ Good luck!
⑤ Go for it!

第10週

be sure to とその仲間たち

《今週の単語》

be sure to
remember to
not forget to
bear in mind that
make sure to

「忘れないで！」に、いつも「Don't forget!」では芸がありません。シチュエーションや言いたいことに応じて使い分けてみましょう。

今週のスタートは "be sure to"

《今日の単語》

☞ be sure to
「忘れずに〜する」

　今日のFEN放送で、厚木基地周辺の映画館情報が流れていました。その中でキャスターの女性が「Be sure to check the time it begins!（上映開始時間の確認を忘れずに！）」と言っていました。映画館によって、開始時間が違うからでしょうね。

　この be sure to は、あることを忘れない、忘れずに〜する、必ず〜する、という意味の動詞句です。日常では、上の例のほかに、たとえば天気予報が「夕方から雨」という日に、母親が、
「Be sure to take your umbrella with you!（傘を忘れないで！）」
と家族に言うかもしれません。

　あるいは、友達が遠くから、あなたのところへ遊びに来るというときは、念のため、
「Be sure to call me when you get to the station.（駅に着いたら、必ず電話してね）」
とお願いすることもあるでしょう。

　この be sure to は口語的な言い方で、日常会話ではよく使われます。もちろん、ビジネスその他の場面でも使えますが、目上の人に使うと失礼になります。外部の人やお客さんなどには、"Please" をつけて丁寧な言い回しにしましょう。

《《今日の例文》》

Please be sure to forward your payment by XX.
お支払いは XX 日までにお願いいたします。

Please be sure to call us before returning your purchase.
返品をご希望の際は、必ず事前にお電話ください。

Be sure to hand in your report before leaving school.
学校から帰る前にレポートを提出するのを忘れないように。

《《今日の単語、おかわり！》》

- ** **forward** [fɔ́:rwərd]　　（支払いや書類など）を送る、出す
- *** **return** [ritə́:rn]　　返す
- *** **purchase** [pə́:rtʃəs]　　（購入済みの）商品
   → return one's purchase　返品する
- *** **hand in**　　提出する、手渡す

〈今週の単語　be sure to ／ remember to ／ not forget to ／ bear in mind that ／ make sure to〉

今週の
スタートは
"be sure to"

《今日の単語》

☞ remember to
「忘れずに〜する、〜するのを覚えておく」

　1日目の be sure to とほぼ同じ意味で置き換えられるのが、この remember to です。ですが、この remember to は命令文として、「〜するの、忘れないでね！」という具合に使われることに加え、通常文や疑問文として使われることも多い言い方です。
　「remember」の語源はラテン語の「re-（再び）」と「memer（心にかける）」ですので、基本的な意味は「再び心にかける」＝思い出す、呼び起こす、となりますが、日常的に「Remember to...」と使っているときは、何もそのときになって「思い出してね」ということではなく、そのときまで「ずっと覚えておいてね」という意味です。
　また、remember 〜 ing というと、「（以前に）〜したことを忘れないでいる、覚えている」という、過去の記憶になります。remember to do とは意味が違いますので、ご注意を！

《今日の例文》

Did you remember to lock the door?
ドアの鍵、ちゃんと閉めてきた？

Do you remember to say "Nice to see you." when you see your grandma?
おばあちゃんに会ったら、ちゃんと「こんにちは」って言うのよ？

Remember to set up the meeting and post the agenda on the notice board by the end of this week.
今週までに会議の日程を決め、さらにその日程表を掲示板に貼り出しておくように。

《今日の単語、おかわり！》

*** **set up ~** 　　　　～の日取りを決める、設定をする

** **agenda** [ədʒéndə] 　日程、日程表

** **post on ~** 　　　　～に投稿する、掲示する

*** **notice board** 　　掲示板

　　※インターネット上の電子掲示板は **bulletin** [búliətn] **board** というのが一般的

〈今週の単語　be sure to / remember to / not forget to / bear in mind that / make sure to〉

今週のスタートは
"be sure to"

《今日の単語》

☞ not forget to
「〜するのを忘れない」

　なぁーんだ、そんなカンタンなやつ？？？　と言われそうですね〜。週の半ばなので、息抜きと思ってください（笑）。

　おそらく、「〜するのを忘れないで」というときに、もっとも口語的で、もっともよく使われるのが、今日の not forget to でしょう。もちろん、be sure to や remember to と置き換えて使うことができます。

　ただし、be sure to の命令文が、please をつけて、ビジネスシーンなどでも使えたのに対し、not forget to の命令文は、ほとんどと言っていいほど使われません。

　ビジネスやその他ある程度かしこまった場面では、そもそも何かを「うっかりし忘れる」こと自体が失礼で、あってはならないという考えから、あからさまに「忘れないで」とは言いません。

　それで、そういった場面で「忘れずに」（注意）とか「必ず」（念押しや強い勧め）と言うときは、それぞれ「Please be sure to 〜」「Please do not fail to 〜」がよいでしょう。

　remember 同様、forget 〜 ing とすると、「過去に〜したことを忘れる／忘れない」という、過去の記憶の話になりますので注意しましょう。

《《今日の例文》》

Don't forget to take your umbrella!
傘を忘れないで!

Don't forget to call me when you get to the station.
駅に着いたら、必ず電話してね。

Don't forget to save all the forwarded emails before reading.
転送メールは読む前にまず保存するのを忘れないで。

《《今日の単語、おかわり!》》

***	**take** [teik]	持っていく(「持ってくる」は「**bring**」)
***	**get to**	(ある場所)に着く
***	**save** [seiv]	(PCなどにデータを)保存する
**	**forwarded** [fɔ́:rwərdid]	転送された

〈今週の単語　be sure to ／ remember to ／ not forget to ／ bear in mind that ／ make sure to〉

今週のスタートは "be sure to"

《今日の単語》

☞ # bear in mind that

「(〜ということを) 気に留める、思いに留める、覚えておく」

bear はいろいろな意味がある動詞ですが、ここでは「保つ、とどめる」といった意味を表し、mind は思いや意識を意味します。つまり、意識の中にとどめておく＝覚えておく、忘れないでいる、という意味になります。

この bear in mind は、ある事実、特に、重要なことや将来役立つ情報を思いにとめておく、という意味です。「〜することを忘れない、必ず〜する」という、行動に注意を向ける場合にではなく、「〜という事実があることを忘れない」という場合に使われます。

具体的には、「傘を忘れないでね」というよりは「午後は雨が降るらしいことを忘れないでね（傘を持って行くかどうかは自分で決めてね）」と言うときに使います。あくまで「情報提供」をして、注意を促す言い方です。

英語にすると、

「Bear in mind that it may rain in the afternoon.」

になります。見ておわかりのように、bear in mind は、to ＋動詞ではなく、that 節または名詞があとに続きます。

行動をいちいち指示することまではしない（できない）が、注意を喚起しておきたい……そんなときに使う表現が、この bear in mind that 〜です。

やや書き言葉調の言い回しで、remember や don't forget ほどには頻繁に使われません。目上の人にも、まず使うことはありません。

《《今日の例文》》

Bear in mind that he's still a child.
彼はまだ子供だってこと、忘れないでね。

"Bear in mind that he's moved to this dept just to maintain order. You don't ask him to do anything."
"You mean he's been kicked upstairs?"
"Shh!"
「いいかい、彼がこの部署に異動してきたのは、部内秩序を維持するためだからね。何か仕事を頼んだりする必要はないから」
「窓際族ってこと？」
「シーッ！」

《《今日の単語、おかわり！》》

- *** dept　　　　　　　　（department の略）部署
- ** maintain order　秩序を保つ
- ** kick upstairs　　（社内で人を）窓際族にする

> 今週の
> スタートは
> "be sure to"

《今日の単語》

☞ make sure to

「(～を)確実にする、必ず～する、～するよう手配する」

今週のスタート・ボキャブラリー、be sure to と似ていますね。動詞の be が make に替わっただけです。この違いは、どんな意味の違いを生むのでしょう。

英英辞典 Longman による定義は、

"to find out if something is true or to check that something has been done（あることが本当かどうかを調べて確認すること、もしくはあることがきちんと行われているか確かめること)"

となっています。

あえていうなら、be sure to はあくまで意識の上での話で、「忘れずにいる、必ずするように意識する」ということ。それを実行し、確証する、行動や実行段階の話が、make sure to だといえるでしょう。

たとえば、

「Be sure to take your umbrella!」は、「傘を忘れないでね！」。
「Make sure to take your umbrella!」は、「傘を持ったの！」。
「忘れないでね！」は、「はーい」と返事するだけかもしれませんが、「持ったの！」と言われたら、その場で自分の持ち物を確認するでしょう。ニュアンスとしては、そのような違いがあります。make sure to のほうが、より「念押し」の意味合いが強くなる感じです。

もちろん、ビジネスの場面でも使えます。

《《今日の例文》》

Please make sure to bring the papers with you to the meeting.
会議には必ずこの書類をご持参ください。

We'll make sure (that) all the records are kept up-to-date.
常に記録を最新のものに保つようにいたします。

Please make sure (that) you have filled all the blanks.
記入漏れがないかどうかご確認ください。

《《今日の単語、おかわり！》》

- *** **records** [rékərd]　記録
- *** **up-to-date**　　　最新の
- *** **fill** [fil]　　　　満たす、〈空白などを〉埋める
  → fill a blank　空欄に記入する

〈今週の単語　be sure to / remember to / not forget to / bear in mind that / make sure to〉

今週のスタートは "be sure to"

[今週の単語 builder]

今週のボキャの中から、最も適切な語を空欄に入れましょう。

① ( ) to switch off all the lights before you leave the room.
部屋を出る前にすべての電気を必ず消してください。

② ( ) that we are running out of funds.
資金がもうすぐ底をつくってこと、頭の中に置いておいてよ。

③ Please ( ) to arrive by 7.
7時までにお越しください。

④ ( ) to give it to your teacher.
先生にそれを渡すのを忘れないでね。

⑤ ( ) to post the letter on your way to school.
学校へ行く途中で手紙を出すこと、ちゃんと覚えておいてよ。

※ 解答は 148 ページ

[先週の単語 builder 解答]

① give up
② quit
③ surrender
④ give in
⑤ yield

独学で英語をモノにするために

英会話スクールに行かなくても

　馬術に夢中になった「副産物」として、英語力が急激にアップしたことは、先のコラムでお話ししました。実はその頃、わたしにとって英語は半ば「どうでもいいもの」にさえなっていました。そこそこできる、というレベルまでは、がんばれば行ける。でも、その先は……。

　国内で、しかも独学ではとうていとうてい無理だ。そんなふうに思い始めていたのです。そして、まさかの展開。学生時代、死に物狂いで勉強し、あこがれるだけで手も届かないと落胆していたはずの「英語力」が、「英語そっちのけ」の今になって、こんなにもあっけなく、自然な形で身につくなんて！

　こうしたことがきっかけとなり、わたしは「英語を身につける」というプロセス、学習方法について、それまで以上に関心をもつようになりました。必死になっても行き詰まっていた頃と、力を抜いて楽々上達してしまった今。自分がたどってきた道筋を、客観的に見つめなおし、整理した結果、わたしは、そこに一つの「型」のようなものがあることに気づきました。国内で、独学で、英語をモノにするための、学習パターン、プロセスのようなものです。

　英会話スクールが繁盛し、高額教材があふれ、留学もホームステイも海外旅行も容易になった今の日本、それ

でもやはり「英語ができるようになりたい」「なかなか上達しない」と苦戦する人は、あとを絶ちません。

そこで、自分の見出した「独学で英語をモノにする学習法」を整理して公開したら、かつて行き詰まって苦しんでいた自分と同じ悩みをもつ英語学習者の皆さんに、きっと役立てていただけるに違いない。

そう思い立って、2004年1月、サイト「独学英語塾」を開設、同年3月には、メールマガジン「独学で英語をモノにしたいあなたへ」を発行したのでした。

ボキャブラリーに焦点を絞った「決めボキャ」とは異なり、「独学で英語をモノにしたいあなたへ」ではその名のとおり、独学で英語を身につけ、マスターするための練習法、考え方、学習態度などを扱っています。翌4月には都内の会場で「オリジナル勉強会」も開催しました。いくつかの練習方法を実際にやってみたり、受講生の方の学習相談にお答えしたり、なるべく出席されるすべての方に役立てていただけるよう、コンテンツも工夫しています。

語学は「どこで」「だれと」学ぶかが重要なのではありません。「何を」「どのように」学ぶかが大切なのです。国内にいながらでも、ネイティブの先生がいなくても、スクールに通わなくても、英語を習得することは可能です。そしてその可能性は、すべての人に平等に開かれています。あきらめることなく、目標に向かってがんばっていきましょう。わたしにできることでしたら、喜んでお手伝いさせていただきます。

第11週

okay とその仲間たち

《今週の単語》

okay
Fair enough.
Why not?
Absolutely
Certainly

「いいとも！」「もちろん！」「あったりまえよ！」など、同意や許可にもいろいろな言い方、ニュアンスがあるものです。

今週のスタートは "okay"

《今日の単語》

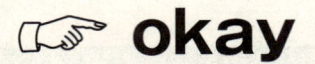

👉 okay

「了解、いいですよ」[óukéi]

　これは、日本語でも使いますね。「今日のランチ、パスタにしない？」「オーケー！」。この okay の略の「OK」のほうが、表記上は一般的です。

　相手の提案や意見に賛成していること、了承したことを表す言葉です。

　口語的でくだけたあいづちの打ち方で、家族、友人や同僚などの親しい間はもちろん、日常で出会うさまざまな場面・人に対して使われます。

　ビジネスの場面でも、取引先や上司であっても、よくコミュニケーションがとれていて、頻繁にやり取りする相手であれば、無礼にはなりません。

　ちなみに、冒頭の会話は、
「Why don't we have pasta for lunch?」
「Okay!」
　となります。

《《今日の例文》》

"Can you finish this by around 3?"
"Okay."
(上司)「3時頃までに終えられるかね?」
(部下)「わかりました」

"Could you arrange payment by the end of this week?"
"Okay."
(取引相手に、電話で)「今週末までに送金手配願えますか?」
(相手)「わかりました」

"Mom, now I'm 18, I want to change my account's name from yours to mine."
"Okay. But I'm not going to tell you the ID number."
「ママ、私もう18よ。口座の名義をママから自分に変えて欲しいんだけど」
「いいわよ。でも暗証番号は教えないからね」

《《今日の単語、おかわり!》》

- *** **arrange** [əréindʒ]　手配する
- *** **account** [əkáunt]　(銀行の) 預金口座
- *** **name** [neim]　名義
  → account holder's name　口座名義人
- *** **ID number**　暗証番号
  →他にも、password, Personal Identification Number (略してPIN) など、いくつかの言い方がある。

〈今週の単語　okay / Fair enough. / Why not? / Absolutely / Certainly〉

<< 今日の単語 >>

☞ Fair enough.

「それでいいです」

Longman によると、

"used to say that you agree with someone's suggestion or that something seems reasonable（自分が相手の提案に同意していること、またはあることが妥当だと思えることを言い表すのに使われる）"

と説明されています。

okay と同様に、相手の意見や提案に同意したこと、賛同したことを意味する言葉です。米語よりはイギリス英語で使われることが多いようです。

感情があまり入らず、単に「同意した」「了承した」という意味の、「中性的な」、つまり、ニュアンスの少ない言い回しです。同じように中性的で、かつ fair enough よりも頻繁に使われるのに、all right があります。

fair enough も all right も、口語的な言い回しです。上司や目上の人に向かって言うのは、控えたほうがいいでしょう。

今週のスタートは "okay"

《《今日の例文》》

"So, I see you on Wednesday at 10."
"Fair enough."
「じゃ、水曜の 10 時に」
「了解」

If you want to do it on your own, that's fair enough.
一人でやりたいっていうんなら、それでもいいよ。

"If you take A, I'll take B."
"All right."
「君がAをとるんなら、私はBをとるよ」
「いいよ」

"Can I take my wife with me?"
"All right."
「妻も一緒にいいかな」
「かまわないよ」

《《今日の単語、おかわり！》》

- ** **on one's own** 　　　自分のやりたいように、自分で
- *** **take [A] with [B]** 　Bと一緒にAを連れて行く、持っていく

〈今週の単語　okay ／ Fair enough. ／ Why not? ／ Absolutely ／ Certainly〉

今週の
スタートは
"okay"

《今日の単語》

☞ Why not?

「もちろん！」「いいとも！」

「Why not?」……「なぜダメか？」……？？？
　これは、質問ではなく、快諾を意味する返答です。「もちろん！」とか、「いいとも！（当然だよ）」という感じです。
　相手の意見にまったく異議がない、賛同して当然、賛同しない理由がない、というような、「強い同意」から、「オッケー」代わりの軽い受け答えまで、幅広く使われます。
　意味を強くしたい場合は、そのぶん「not」の部分に力を入れて答えます。
　この why not? のように、受け答えに質問形を使うことはよくあります。
「You sure?（うそでしょ？　まじで？）」
「You mean that?（ホント？）」
「You kidding?（冗談でしょ！　本当なの？）」
　……など。
　それぞれに答えるには、
「You sure?（まじで？）」→「Sure!（まじ！）」
「You mean that?（ホント？）」→「I do!（ホントだよ！）」
「You kidding?（冗談でしょ！）」→「No!（ホントだって！）」
　という具合です。ご参考まで！

《《今日の例文》》

"Will you come to our wedding?"
"Why not?"
「結婚式に来てくれる？」
「あったりまえだろ！」
※この場合、「wainá:t」のようにいいます。

"How about going out for dinner sometimes?"
"Why not? And you treat me?"
"Never! We go fifty-fifty."
「たまには外で夕食にしない？」
「うん、いいね。おごってくれるの？」
「まさか！ 割りカンよ」
※この場合は「waina」という具合に、notの部分は短く発音しますし、アクセントも弱いです。

《《今日の単語、おかわり！》》

- *** **go out for (lunch, dinner, etc.)** （昼や夜など）外食する
- ** **treat** [tri:t]　（人に食事を）ごちそうする、おごる
- ** **go fifty-fifty**　割りカンにする（2人の場合）。3人以上の場合は、split the bill（支払いを別にする）／each pay（各自払う）などと言います。

〈今週の単語　okay／Fair enough.／Why not？／Absolutely／Certainly〉

今週は
スタートは
"okay"

《今日の単語》

👉 **Absolutely**

「まったくだ、そのとおり、絶対だ」[ǽbsəlùːtli]

相手が言ったことに対して、まったくもって同感、完全に同意、という、強い気持ちを言い表す言葉です。
さらに、「完全に同感」というのにも、強さがいろいろあリますね。その辺の表現は、アクセントの強さで強調します。

「Are you going?（行くの？）」
「Absolutely.[abslúli]（もちろん！）」

程度から、

「Are you coming to the concert too?（あなたもあのコンサート行くんだ？）」
「Absolutely! [áːbsolùːli]（もーっちろんよ！）」

という、きわめて強い調子まで、アクセントで使い分けます。
前回までの okay、fair enough、why not? は、軽い返事に使われるものがほとんどでしたが、この absolutely は、いくらアクセントが弱くても、「まったくそのとおり、もちろん」と思うときに使うものです。

not をつけて、「Absolutely not.」と言えば、absolutely の反対、つまり、「絶対にありえない、絶対にダメだ」という意味になります。

144

《今日の例文》

"Do you let your kids go out late at night?"
"Absolutely not!"
「夜中に子供が外出するの、許す?」
「まさか! ありえないわ」

"Mom, can't I join that party?"
"Absolutely not!"
「お母さん、あのパーティ、私も行っちゃダメ?」
「ダメに決まってるでしょ!」

"We mustn't lose heart no matter what."
"Absolutely. Inscrutable are the ways of Heaven."
「どんなことがあっても、くじけてはだめよね」
「そのとおり。人間万事塞翁が馬、ってね」

《今日の単語、おかわり!》

- *** **lose heart**　　　　　　　　くじける、へこたれる

- * **inscrutable** [inskrúːtəbl]　計り知れない、不思議な
  → Inscrutable are the ways of Heaven. ［諺］人間万事塞翁が馬。

〈今週の単語　okay／Fair enough.／Why not?／Absolutely／Certainly〉

今週のスタートは"okay"

《今日の単語》

☞ Certainly

「かしこまりました」「もちろんです」 [sə́ːrtnli]

　敬語、もしくは丁寧語の「了解、同意」です。
　Longman では、副詞の certainly が、spoken（口頭）と written（文面）では、どちらでより多く使われるか、の統計が載っていました。
　それによると、spoken＝約270回／100万語、written＝約180回／100万語、とありました。つまり、100万語の単語（重複あり）を聞く間に、certainly は270回出てくるのに対し、同じく100万語の単語を「文面で読む」限りでは、180回しか出てこない……つまり、書き言葉よりは口頭で使うほうが多い、ということです。
　ただ、同じ統計を okay のほうで見ると、実に spoken では1000回以上／100万語なのに対して、written はたったの20回（差がありすぎだって）で、つまり書き言葉ではほとんど使わずに、口頭がほとんど、という結果。
　absolutely も、さほどではないですが、spoken＝180回／100万語でも、written＝40回。ここでもう一度、certainly の270対180という数字を見てください。
　つまり、certainly は、okay や absolutely に比べたら、断然書き言葉で使われる頻度が高いということがわかりますね。なんだかちょっと、「お勉強」に走りすぎたでしょうか？

《《今日の例文》》

"I'd like this T-shirt in red."
"Certainly."
「このTシャツの、赤いのが欲しいんですけど」
「かしこまりました」

"I'd like a beer, please."
"Certainly."
「ビールを一杯」
「かしこまりました」

"Can I come along to the party?"
"Certainly."
「私もそのパーティについて行っていい？」
「もちろんよ」

《《今日の単語、おかわり！》》

*** **come along** 一緒に来る ←→ go along（一緒に行く）
→日本語は同じ「行く」でも、相手に呼ばれて「行く」場合は come、自発的に行く場合は go を使う。

〈今週の単語　okay／Fair enough.／Why not?／Absolutely／Certainly〉

今週のスタートは "okay"

[今週の単語 builder]

今週のボキャの中から、最も適切な語を空欄に入れましょう。

① I feel like going on a drive today. - ( )
今日はドライブに行きたい気分だわ。 － いいね、そうしよう。

② Can I have another cup of coffee? - ( )
コーヒーお代わりいただけますか？ － かしこまりました。

③ If you want to go by yourself, that's ( ).
君が一人で行きたいなら、それでもいいよ。

④ Let's have sushi for lunch today. - ( )
今日の昼は寿司にしよう。 － いいよ。

⑤ May I join you? - ( )
私も仲間に入っていいかしら。 － もちろんよ。

※ 解答は 160 ページ

[先週の単語 builder 解答]

① make sure ② bear in mind
③ remember または be sure ④ don't forget
⑤ remember または be sure

148

第12週

come up with とその仲間たち

《今週の単語》

come up with
propose
think up
offer
suggest

「考えつく」「思いつく」「提案する」……「アイデア」が浮かんでそれを発表するときも、いろいろな言い方ができます。

今週の
スタートは
"come up with"

《今日の単語》

☞ come up with

「考えつく」

　ある考えや計画、返答などを考えつく、思いつく、（その結果）提案する、持ち出す、という意味です。
　Longman の定義では、

"to think of an idea, plan, reply etc.（ある考え、計画、返答などを考えつくこと）"

　think of（思いつく）と意味がかぶっていますが、think of はあくまで「思いつく」、つまり、「頭の中」の話であるのに対して、come up with は、考えついて、その結果、発表する、提案する、持ち出す、といった、「公表」の意味も含んでいます。
　口語的な表現ですが、ビジネスシーンなどでもよく聞きます。
　余談ですが、come up with にはもうひとつ、「（まとまった金額を）捻出する」という意味もあるので、ビジネスシーンではこちらの意味で使われることも多いです。

150

《今日の例文》

Hey, I've come up with a brilliant idea!
ちょっと、すごいアイデアが浮かんだよ!

Is that the only excuse you can come up with?
それが、出てくる唯一の言い訳なの？＝もうちょっとマシな言い訳ないの？

Charlie has come up with a better solution to this problem.
チャーリーは、この問題に対するさらに良い解決策を提案してきた。

I can't come up with good examples.
いい具体例が出てこない／考えつかない。

《今日の単語、おかわり！》

*** **brilliant** [bríljənt]　　すばらしい、見事な
*** **excuse** [ikskjúːs]　　言い訳
*** **solution** [səljúːʃən]　　解決策
*** **example** [igzǽmpl]　　（具体的な）例

〈今週の単語　come up with ／ propose ／ think up ／ offer ／ suggest〉

今週のスタートは
"come up with"

《今日の単語》

☞ propose

「提案する、申し出る」 [prəpóuz]

"[formal] to suggest something as a plan or course of action（[フォーマルな言い方] あることを計画または行動方針として提案すること）"

ある考えや計画などを、実際に発表する、相手に提案する、議論の場に持ち出す、という、「公開」の意味の単語です。

昨日の「come up with」は、「考えつく」という意味に、「その結果として公表する」というニュアンスを含んだ単語でした。それと比較すると、propose は、あくまで「提案する」という、アウトプット作業に注目した言葉です。

Longman の解説に「formal」とあるとおり、propose は、やや堅苦しく、主にフォーマルな場で使われる単語で、会議の席や取引先との交渉、形式的なパーティや会合などでよく使われます。

使い方としては、直接名詞を持ってくるか、あとは to 不定詞と that 節が使えます。

《今日の例文》

〈名詞〉Helen proposed a donation.
ヘレンは寄付を提案した。

〈to 不定詞〉Helen proposed to forward a donation.
ヘレンは寄付をすることを提案した。

〈that 節〉Helen proposed that she will forward a donation.
ヘレンは自分が寄付をするつもりだと申し出た。

《今日の単語、おかわり！》

*** **donation** [dounéiʃən]　寄付
　→ make a donation to A　A へ寄付をする

〈今週の単語　come up with ／ propose ／ think up ／ offer ／ suggest〉

《今日の単語》

☞ think up
「考えつく、発明する」

1日目の come up with と同様、「think up」も、考えつく、思いつく、ひねり出す、という意味です。ただしそこには、「よくよく考えたうえで、熟慮して、よく検討して」、考えつく、というニュアンスがあります。

用法としては、[think up 〜] でも、[think 〜 up] でも、どちらでも使えますが、it や this、them などの代名詞は、[think it up] のように、間にきますのでご注意。

「We discussed the matter all night through, and thought up a solution.（私たちはそのことについて一晩中話し合い、ひとつの解決策をひねり出した）」

これは、議論しながらよくよく考えて、その検討の直接の結果として、解決策が考え出された、という意味です。これを come up with で置き換えると、

「We discussed the matter all night through, and came up with a solution.（私たちはそのことについて一晩中話し合い、ひとつの解決策を出した）」

さらっとまとまりますね。日本語訳を参考にしていただくとわかりますが、一晩中話し合ったのだから、「一生懸命考えた」には変わりないのでしょうが、受ける印象が違ってきます。

《《今日の例文》》

Who thought up such absurd rules?
だれがこんなバカバカしい規則を考え出したんだ？

We huddled in the room and discussed for 3 days and nights, but nobody thought up a way out.
私たちは部屋にこもって三日三晩議論したが、だれ一人として解決策を考えつかなかった。

《《今日の単語、おかわり！》》

- ** **absurd** [əbsə́:rd]　実にばかげた、不条理の
- ** **huddle** [hʌ́dl]　大勢で集まる
- *** **a way out**　　　（困難などの）解決法、突破口

〈今週の単語　come up with／propose／think up／offer／suggest〉

今週の
スタートは
"come up with"

《今日の単語》

☞ offer
「申し出る、差し出す、提供する」 [ɔ́(ː)fər]

offer は、「相手が望むもの、必要としているものを、快く差し出す、与える、提供する」という意味の言葉です。一方で、2日目の propose は、意見や計画を、単に「その場に持ち出す、相手に持ちかける、その意図がある」という意味でした。

offer の意味が、差し出す側の「親切心」や「快くそうする気持ち」、また差し出される側の「必要」や「欲求」を含むのに対し、propose には特にそのようなニュアンスはありません。2つの単語の決定的な違いは、ここでしょう。

2日目の例文を使って、

「Helen proposed a donation.（ヘレンは寄付を提案した）」
「Helen offered a donation.（ヘレンは、寄付を申し出た）」

2つの文を単に英和辞書的に訳しても、その違いをあまり感じることができないかもしれませんが、これらをあえて意訳すると、

「Helen proposed a donation.（ヘレンは、寄付しましょうか、と言った）」
「Helen offered a donation.（ヘレンは、それならぜひ私が寄付をしてあげましょう、と言った）」

このような違いになります。

おにぎりをテーブルの上に置いて、「いかが？」と相手のほうへ押し出すのが propose、おにぎりをお盆の上に乗せて、おなかのすいた相手の目の前に「どうぞ」と差し出してあげるのが offer。受ける印象としては、このような違いのほうがわかりやすい

かもしれません。

　offer はたいてい喜ばれますが、propose はもっと冷静に受け止められます（結婚のプロポーズだけは別かもしれませんが）。

《《今日の例文》》

They offered him a very profitable position but he declined to accept it for some reason.
彼はとても有利な立場を勧められたが、なぜか断った。

She offered to mediate between those two parties.
彼女はそれら2つの団体の仲介を申し出た。

《《今日の単語、おかわり！》》

- *** **profitable** [práfitəbl]　　有利な、利益になる
- *** **decline** [dikláin]　　（穏やかに）断る
- *** **for some reason**　　なぜか、何らかの理由で
- ** **mediate** [míːdièit]　　仲介する、調停する
- *** **party** [páːrti]　　（共に行動する）団体、グループ

〈今週の単語　come up with / propose / think up / offer / suggest〉

今週の
スタートは
"come up with"

《今日の単語》

☞ suggest

「提案する」 [sʌgdʒést]

「〜はどうでしょうか、いかがでしょうか」と、アイデアや計画を提案する、という意味です。

意味としては、2日目の propose の、口語バージョンといったところ。

propose はより形式的でかしこまった場で、suggest は日常的な場面で使われます。

また、Longman では、propose と suggest の違いについて、「propose の場合は、すでにそのアイデアもしくは計画についてじっくり考えてあるというニュアンスがある。suggest の場合は、そうとは限らず、あまりよく考えずに提案する、というニュアンスを含むこともある」と説明しています。

相手に直接「〜はどう?」と誘うときは、「I suggest ……」とは言いませんね。そういうときは、「Let's ……」とか、「How about……?」と、勧誘の疑問文を使うのが自然です。

また、suggest は口語ですが、まだあまり知らない人やお客さんなどに対して、丁寧に言うときは、「May I suggest……?」と、許可の疑問文にすると良いです。

suggest の用法としては、suggest ＋名詞、suggest ＋〜 ing、suggest ＋ that 節があります。

《今日の例文》

〈名詞〉**She suggested a walk.**
彼女は散歩を提案した。

〈~ ing〉**She suggested taking a walk.**
彼女は散歩に行くことを提案した。

〈that 節〉**She suggested that we take a walk.**
彼女は一緒に散歩に行こうと提案した。

《今日のお役立ち表現》

☞ **at one's suggestion**

「(人) に勧められて」

今日の単語 suggest の名詞形は「suggestion」ですが、この「suggestion」に「at ＋所有格 (your, his, their, Keiko's など)」をつけることで、「(人) の提案に従って、(人) にそう勧められて」という意味になります。

At my father's suggestion, we decided to put off the trip.
父の提案で、その旅行を延期することにした。

I attended the meeting at her suggestion.
彼女の提案で、その会合に出席してみた。

〈今週の単語 come up with ／ propose ／ think up ／ offer ／ suggest〉

今週のスタートは "come up with"

[今週の単語 builder]

今週のボキャの中から、最も適切な語を空欄に入れましょう。

① After a long discussion, they finally ( ) a solution.
長い議論の末、彼らはやっとある解決策を考え出した。

② I would ( ) staying at ABC Hotel.
ABC ホテルに宿泊されることをお勧めします。

③ Nobody ( ) to take over his business.
彼の仕事を引き継ごうと申し出る人は一人もなかった。

④ Todd ( ) several ideas.
トッドはいくつかの企画を持ち出してきた。

⑤ My wife unexpectedly ( ) divorce.
妻は突然別れましょうと言ってきた。

※解答は 172 ページ

[先週の単語 builder 解答]

① Why not?
② Certainly.
③ okay または fair enough
④ okay または fair enough
⑤ absolutely

第13週

I see. とその仲間たち

《《今週の単語》》

I see.
I got it.
understand
comprehend
with you

今週は「わかった」「なるほど」など、こちらの理解を相手に伝える表現方法を学んでみましょう。

今週の
スタートは
"I see."

《今日の単語》

☞ I see.

「なるほど、わかった」

　1日目の「I see.」は、おそらくもっとも頻繁に使われる「わかった」の表現のひとつでしょう。受け答えとしては、話し言葉で使われることがほとんどです。

　相手の言っていることがわかった、言いたいことが理解できた、というときに使います。とはいえ、必ずしも相手に「同意」しているわけではありません。

「うんうん」という、軽いあいづち程度から、「なーるほどねぇー」というような「納得」まで、幅広く表現できます。ポイントは、やはりイントネーション。

「アィスィ」のように、短く軽く、あまりアクセントをおかずに言えば、「ふーん」「へぇ」「うんうん」といった具合。逆に、「ア'ィスィ'」（アルファベットの"I"と"C"をゆっくり続けて読む感じ）と、Iとseeそれぞれを強調してゆっくり言えば、「はっはーん」「なるほどねぇ〜！」といった具合です。

「I see.」のほかにも、

「Uh-huh.」「Oh yeah.」「Right.」

　なども使えます。

　ただし、Oh yeah. から Right. に向かって、「同意、同感」の意味が強くなりますので、「まぁ、同意するわけじゃないけど、言いたいことはわかる」程度なら、I see. か Uh-huh. が無難でしょう。

162

《《今日の例文》》

"So, humans have 2 minds, conscious and subconscious, and while one is sleeping, his conscious mind is also sleeping but his subconscious is not. Subconscious is at work at all times. Ok?"
"I see..."
"You really do?"
"Well, in fact, no."

「だからさ、人間には顕在意識と潜在意識の２つがあってね、寝ている間は顕在意識も休んでいるんだけど、潜在意識は違う。潜在意識はどんなときでも活動しているんだよ。わかる？」
「わかった……」
「本当に？」
「いや、本当は、さっぱり」

《《今日の単語、おかわり！》》

*** conscious [kánʃəs]　　意識のある、顕在意識の
*** subconscious　　　　　意識下の、潜在意識の
*** at work　　　　　　　　活動して、働いて
*** at all times　　　　　　いつでも、どんなときも

〈今週の単語　I see. ／ I got it. ／ understand ／ comprehend ／ with you〉

今週のスタートは "I see."

《今日の単語》

☞ I got it.

「わかった、つかめた」

さて。昨日の I see. と何が違うのでしょうか。

I see. は、相手の言いたいことがわかった、見えた、という意味でした。

今日の I got it. は、もうちょっと奥へ切り込んで、話の内容、意味が知的に理解できた、把握できた、という意味です。

これと同じような意味で、「I understand.」も使われますが、「I got it.」が口語的なのに対し、understand はややかしこまった印象を与えます（understand については明日考察します）。

また、「I got it.」には、「何度か説明を受けて、ついに」わかった、というようなニュアンスがあります。多少なりとも説明がいる内容を、知的に理解できた、ということを伝えるのが「I got it.」なわけです。

〈今日の例文〉で、「I got it.」の代わりに「I see.」を使うと、それぞれ、「そうですか」「ふーん」といった、少々冷めた受け答えになってしまいます。相手としては、「聞いてはくれただろうけど、内容を理解しているかな？」と、少々不安になるかもしれません。

もともとの単語の意味が、「see」＝見える、「get」＝得る、であると考えれば、徐々に使い分けできるようになります。がんばりましょう。

ちなみに、「わかった？」と聞く方は、「Got it?」です。これが、「Do you understand?」だと、親か先生の聞き方に近いです（笑）。友達や同僚なら、「Got it?」で十分です。

《《今日の例文》》

(ある機械の使い方の説明を受けたあとで)
"So that's how it works."
"OK, I got it!"
「いいかい、以上が使い方だよ」
「オーケー、よくわかった！」

(ウワサ話をしていて……)
"So this's what it's all about!"
"Now I got it!"
「そういうわけだったのよ！」
「やっとわかったわ！」

《《今日の単語、おかわり！》》

*** **work** [wəːrk]　（物や機械が）動作する、作用する
*** **all about**　〜に関するすべて

〈今週の単語　I see. / I got it. / understand / comprehend / with you〉 **165**

今週のスタートは"I see."

《今日の単語》

☞ **understand**

「理解する」[ʌ̀ndərstǽnd]

　話の内容、言葉の意味、事情などを「理解する」という意味の言葉。「I understand.」と言えば、「わかります、わかりました」という意味になります。

　ニュアンスとしては、頭では理解している、情報は得ている、というような、ややかしこまった返事になります。

　実際の場面では、「I understand, but...」と、後に「but」が続くことがよくあります。「頭ではわかっている」というニュアンスと一致して、「わかりますが、しかし……」と反論する言い方です。

　同じような意味の、よりくだけた表現では、「I know.（知ってる。わかってる）」があります。

　また、「I don't understand.（わかりません。理解できません）」という、否定形はよく使われます。相手の説明が理解できないとき、あるいは相手の表現やたとえ、ジョークがわからないというときなどに使います。

「...so, that's it!! Ha-ha!（……とまぁ、そういうわけ！　わはは！）」
「Sorry, but I don't understand.（うーん、よくわかんないんだけど）」

↑かなりヒンシュクの場面ですね（笑）。同じような「よくわからない」には、先日の「I got it.」の否定形の、「I don't get it.」も使えます。

　一方、肯定文のときのようにknowで置き換えられると思って、

166

「I don't know.」とすると、「知らない」となり、「わからない（理解できない）」とは違う意味になってしまいます。ちょっとややこしいですが、ご注意を。

《《今日の例文》》

(込み入った説明をしていて)
"Oh, no, how can I put this?"
"I understand what you mean."
「あー、何て言ったらいいんだ」
「おっしゃりたいことはわかります」

(会議の席で)
"Going for this project at this moment is too risky!"
"Yeah, I understand."
「今の段階でこのプロジェクトを進めるのは、あまりに危険すぎる！」
「ええ、わかっています」

《《今日の単語、おかわり！》》

*** **put** [put]　　言葉で表現する、言葉に置き換えて言う
*** **go for ~**　　～を試みる、やってみる
　** **risky** [ríski]　危険を伴う

今週の
スタートは
"I see."

《今日の単語》

☞ **comprehend**

「よく理解する、把握する」[kàmprihénd]

　同じ「理解する」でも、understand に比べ、「難解な、あるいは複雑な物事を」理解する、把握する、解釈する、という意味です。

　ただ単に、いつ、どこで、何が、どのように、なぜ、を理解するだけでなく、そのことの意味や意義、価値、影響といったことまでも「把握する」「解釈する」というニュアンスです。

　かなりフォーマルな単語ですから、日常会話で頻繁に聞くことはないかもしれませんが、ある事件や事象、経験の起きている意味や状況が把握できず、戸惑ったり困惑したときに使われたりします。こういうことは、たまにあるかもしれませんね。

　また、英語のテストなどで、いつ、どこで、を問う、単なる「内容理解」のための質問は、「questions for understanding」ですが、背後の意図や意義など、「読解・解釈」の度合いをチェックする、もっと奥の深い質問は「comprehension questions」と呼ばれます。

　とりあえずでも理解するのは understand、より深く、十分読み取るのが comprehend といったところでしょう。

《今日の例文》

Even scientists couldn't comprehend that peculiar phenomenon.
科学者たちでさえ、その奇妙な現象を十分理解できなかった。

The theory is too perplexing for me to comprehend.
その理論は私には難解すぎてとても理解できない。

I just couldn't comprehend what was happening.
もうとにかく、何がどうしてあんなことが起きてるのか、訳がわからなかったよ。

《今日の単語、おかわり！》

- ** **peculiar** [píkju:ljər]　　　　奇妙な、奇異な
- *** **phenomenon** [finámənàn]　現象
- ** **perplexing** [pərpléksiŋ]　　難解な、困惑させる

〈今週の単語　I see.／I got it.／understand／comprehend／with you〉

今週のスタートは "I see."

《今日の単語》

☞ with you
「理解する、(話に)ついていく」

「with you」をご覧になって、「は？ テーマ間違えてない？」と思った方もいらっしゃるのではないでしょうか（笑）。

いえいえ、ボケてるわけではございません！ with you とは、相手の話や説明を理解している、ついていっている、ちゃんと聞いている、という意味です。

字義的には相手と一緒にいる、ということですが、一緒にいる＝同じ場所にいる＝話の内容がわかるところにいる、ということになるわけです。

もちろん、「I'm with you.（わかるよ、聞いてるよ）」という使い方もしますが、それよりは、「Sorry, but I'm not quite with you.（ごめん、ちょっとよくわからなかったんだけど）」とか、「Are you with me?（〈私の〉話、見えてる？）」というような、否定形もしくは疑問形のほうがよく聞きます。

「I'm with you.」の肯定文は、単独よりは、「Are you with me?」と聞かれたときの答えとして、つまり、

「Hey, are you with me?（ねぇ、話ついてきてる？）」
「Yeah, I am(with you).（もちろん、聞いてるよ）」

とか、

「（説明を試みた後で）I'm sorry, I can't put it well.（ごめん、うまく言えないや）」
「That's all right, I'm with you.（大丈夫、わかるよ）」

というふうに使うのが自然です。

《《今日の例文》》

Sorry, I'm not really with you. Can you repeat?
ごめんなさい、よくわからなかったんだけど、もう一度言ってもらえますか？

※「I don't understand.（わからないわ）」と言ってしまうと、とてもぶっきらぼうなので、上のほうが、ソフトな感じで良いでしょう。

（先生が）
"Ok, we move on to the next chapter. Are you all with me?"
「はい、では次の章に行きますよ。皆ここまではいいですね？」

《《今日の単語、おかわり！》》

*** move on to ～　（話題などが）先に進む、～の話に移る

今週のスタートは "I see."

[今週の単語 builder]

今週のボキャの中から、最も適切な語を空欄に入れましょう。

① I can't ever ( ) what it's like to live as a CEO.
企業のトップとして生きることがどんなことなのか、私には到底理解できない。

② Hey, are you ( )?
ちょっと、人の話聞いてる?

③ I do ( ) that you really like this job.
あなたがこの仕事を本当に好きだということは、よくわかっている。

④ So that's why they left. - I ( ).
彼らが去ったのはそういうわけなの。 - なるほど、わかったわ。

⑤ If you want to get there quicker, taking train's the best way. - ( ).
早くそこへ着きたいのであれば、電車に乗るのが一番だよ。 - わかった。

※解答は 184 ページ

[先週の単語 builder 解答]

① thought up
② suggest
③ offered
④ came up with
⑤ proposed

第14週

probably とその仲間たち

《《今週の単語》》

probably

likely

perhaps

maybe

possibly

「maybe」「perhaps」「possibly」「probably」……
これらは「可能性」を言い表す単語で、辞書ではみな「たぶん」「おそらく」「かもしれない」etc程度にしか訳されていませんが、やはり当然「微妙な違い」があります。

《今日の単語》

👉 probably

「おそらく、〜の可能性が強い」[prábəbli]

まず、今週5日間で学ぶ一連の単語を並べてみたいと思います。
probably, likely, perhaps, maybe, possibly
これらの単語の、一番の、また、もっとも大切な違いは、「たぶん」の「可能性のパーセンテージ」です。
どういうことかと言うと、
probably：　可能性　80〜90％以上
likely：　　可能性　80〜90％
perhaps：　 可能性　60〜70％
maybe：　　 可能性　50〜60％
possibly：　可能性　30％以下
のように、同じ「たぶん」でも、それぞれ可能性の強さが違うのです。

ただし、ここに挙げたパーセンテージは、私が学生時代に教わったネイティブ教師や、これまで会ったネイティブの仕事仲間に聞いた範囲で、あくまで目安です。人によって、パーセンテージが多少上がったり下がったりはします。それでも、各単語の順位は、このとおりと思ってください。

今日の probably は、このなかでは一番、「可能性が強い」意味の単語です。それなりの証拠なり、裏づけなり、確信があって、「おそらく」と言うときに使う表現です。なお、イントネーションや表情によって、同じ probably でも、可能性の強さや、本人の確信の程度が変わります。

〈〈今日の例文〉〉

He probably has the answer to this question.
彼ならきっと、この問題の答えを知ってるよ。
↑この人の確信は、90％以上です。

"You think you go out for dinner with him?"
"Yeah, probably."
「あの人と食事に行くつもり？」
「そうね、そのつもり」
↑この人の中では、もうほとんど気持ちが固まっている、といった感じ。

（あまり気乗りしない試験を受けないといけないときに）
"You think you take this exam?"
"Yeah, probably..."
「で、この試験受けるの？」
「まぁ、そうなるんだろうなぁ〜」

〈今週の単語　probably ／ likely ／ perhaps ／ maybe ／ possibly〉

今週の
スタートは
"probably"

《今日の単語》

☞ likely
「おそらく、～しそうだ」[láikli]

「probably」に引き続き、次にパーセンテージの高い「likely」を見てみましょう。

likely は probably とほぼ同等と考えて差し支えありません。英英辞典などでは、probably を引くと likely が、likely を引くと probably が出てきたりします。

ただ、この likely は形容詞と副詞が同型のため、ちょっとわかりづらいのですが、普段もっとも使われる型は、形容詞の likely です。

「It's likely to rain.（雨が降りそうだよ）」

のように、to 不定詞がつづく使い方や、

「It's likely that they will marry next month.（どうやら彼らは、来月結婚するようだ）」

のように、that 節がつづく使い方をします。

それぞれ、雨の場合は雨雲が見えているとか、結婚の場合は準備を始めているとか、それなりの証拠や裏づけがあって「おそらく」「たぶん」と言う点は、probably と同様ですね。

that 節がつづく言い方は、ややかしこまっていて、新聞やニュース、書面で見ることのほうが多いでしょう。

副詞で使われることはそれほどありませんが、形容詞の likely については、probably よりも好んで使われる傾向があるようです。特に口頭では、たとえば、It probably will rain. と言うよりは、It's likely to rain. のほうが使われます。

《今日の例文》

I'd likely do the same as you did.
私も、おそらくあなたがしたのと同じようにするでしょうね。

The professor will likely give us some clues.
あの教授なら、なにかヒントをくれるはずだよ。

It's likely that she will sue the driver for damages.
どうやら彼女はその運転手を相手に損害賠償の訴訟を起こすようだ。

《今日の単語、おかわり！》

I'd = I would	「私なら〜する」と仮定する言い方（仮定法過去）
** sue ［人］ for 〜	（人）を〜のことで訴える、〜の訴訟を起こす
*** damages [dǽmidʒ]	損害賠償

〈今週の単語 probably ／ likely ／ perhaps ／ maybe ／ possibly〉

今週の
スタートは
"probably"

《今日の単語》

☞ perhaps

「たぶん、〜かもしれない」[pərhǽps]

probably： 可能性　80〜90%以上
likely： 可能性　80〜90%
perhaps： 可能性　60〜70%
maybe： 可能性　50〜60%
possibly： 可能性　30%以下

　perhaps は、この5つの中では、ちょうど真ん中に位置します。可能性的には、60〜70%といったところです。
「おや、昨日の likely の 80〜90%と、10%の開きがあるじゃないか。この空白は、どうするんだ？」と思った方。鋭いです！
　この10%の開きは、イントネーションとアクセントでカバーします。つまり、
「Perhaps it will stop raining soon.」を、笑顔で、かつ、perhaps と will を強調してはっきり発音すると、「たぶんこの雨はもうすぐ上がるよ」（70〜80%の確信）といった感じになり、perhaps を平たく、全体を間延びに発音すると、「この雨、もうすぐ上がると思うんだけどなぁ」といった感じになります。
　逆に、昨日の likely や、その前の probably であっても、2番目の文のように弱めに、平たく発音すれば、パーセンテージは 70% くらいにまで下がります。つまり、それぞれの単語の間の空白は、お互いにオーバーラップしているんですね。
　perhaps はややフォーマルな単語で、さほど親しいわけではない相手に対してや、書き言葉でも多く使われます。もちろん、親

しい仲で使っても、特におかしいわけではありませんが。

perhaps は、「たぶん」「〜かもしれない」という、ごく普通の副詞としての用法のほかに、相手にある行動を促したり、提案をする、遠まわしな言い方にも使えるので便利です。フォーマルで丁寧な「誘い、勧め」方で、似た意味の「Would you like 〜？」（〜はいかがですか？〜したいですか？）よりも、「お勧め」の意味合いが強いです。

《《今日の例文》》

Perhaps you'd like to invite your family too.
ご家族も誘ってみてはどうでしょう。

Perhaps you should practice abdominal breathing to release your mental strain.
心の緊張を解くために、腹式呼吸をするようにしたらいいんじゃないかな。

《《今日の単語、おかわり！》》

- *** **practice** [prǽktis] 習慣づける、実行する
- *** **abdominal** [æbdάmənəl] 腹部の
  → abdominal breathing 腹式呼吸
- *** **strain** [stréin] 緊張、負荷
  → mental strain 心の緊張、精神的緊張

> 今週の
> スタートは
> "probably"

《今日の単語》

☞ maybe

「たぶん」[méibi(ː)]

probably： 可能性　80 〜 90％以上
likely： 可能性　80 〜 90％
perhaps： 可能性　60 〜 70％
maybe： 可能性　50 〜 60％
possibly： 可能性　30％以下

さて、本日の maybe は、上の一覧では 50 〜 60％程度の確率、ということがわかります。perhaps とほとんど同じですね。英英辞書で引いても、perhaps と maybe はほぼ同義だとあります。

前回も、「境目の空白は、イントネーションとアクセントでカバー」とご説明しましたが、maybe も同じで、自信ありげに言えばパーセンテージは上がるし、弱々しく言えば下がります。

ただし、どんなにイントネーションを駆使しても、maybe が likely や probably ほど強い意味になることは、やはりありません。

たとえば下の文を、どうイントネーションを工夫？しても、やはり maybe よりは probably のほうが、ずっと可能性は高いのです。

「She is probably the best student in this class. （彼女がおそらく、クラスで一番だな）」

「She is maybe the best student in this class. （たぶん、彼女がクラスで一番なんじゃないかな）」

maybe は、perhaps に比べて、ずっとカジュアルでくだけた表現です。主に友達同士や、よく知った相手との会話、それも口頭

で使うことがほとんどです。フォーマルな場や、書き言葉では、maybe より perhaps のほうが適切です。maybe が書き言葉で使われるのは、友達とのメールや手紙でしょうか。

日本語の「たぶん」と意味や可能性的にもっとも近い単語ではないかと思います。ただ、多用しすぎると、「自分の意見がはっきり言えない人」と思われますので、ご注意を！

また、maybe は perhaps と同じように、遠まわしな提案、勧めをするのにも使えます。

《《今日の例文》》

Maybe this is the phenomenon he mentioned the other day.
たぶんこれが、彼がこの間言っていた現象なんじゃないかな。

Maybe you like another cup of tea?
お茶のおかわりはどう？

Maybe you wanna come along?
一緒に来る？

《《今日の単語、おかわり！》》

- ** **phenomenon** [finámənàn]　　現象　（複数形は phenomena）
- *** **mention** [ménʃən]　　言及する、（話の中で）触れる

今週の
スタートは
"probably"

《今日の単語》

☞ possibly

「もしかすると、場合によっては」 [pásəbli]

probably： 可能性 80 ～ 90％以上
likely： 可能性 80 ～ 90％
perhaps： 可能性 60 ～ 70％
maybe： 可能性 50 ～ 60％
possibly： 可能性 30％以下

　最下段のpossibly、可能性は30％以下となっていますが、これもやはり、イントネーションなどによって、多少変わってきます。ですが、基本的には可能性の低さを印象づける単語ですので、ある辞書などでは、「断るときの丁寧な言い方」という解説まで付いていました（笑）。
　たとえば、
「Are you coming to the party this weekend?（週末のパーティ、来るの？）」
「Well, possibly.（あー、行けたらねー）」
　などのように、本人の中ではほぼ「No」と思っているのですが、はっきり断りにくい場合などによく使います。
　また、自分でもどうしようかはっきり決めていないとか、自信がない、よく知らない、わからない、というときにも、「～ということもあり得る」程度の意味で使います。
　ところが、このpossibly に quite をつけて、「Quite possibly.」とすると、意味がほぼ逆転し、very likely と同じ意味、つまり、「非常に可能性が高い」という意味になるからオドロキです。

「Is he the one?（彼がその人？）」
「Quite possibly.（まずそうだろうな）」
という具合。

また、maybe や perhaps と同じように、人に何か頼むときの、丁寧な言い方にも使われます。

possibly は、カジュアルな単語ではありませんが、フォーマルというほど堅苦しくもありません。perhaps や probably に比べれば、話し言葉でもよく使われるほうでしょう。

《《今日の例文》》

Could you possibly see me off to the station?
駅まで送っていただいてもいいですか？

Would you possibly take me to the hospital?
病院に連れて行っていただけないでしょうか。

The most benefited by this is possibly the culprit.
このことで一番得をするのは被告人ということも考えられるな。

《《今日の単語、おかわり！》》

- *** **see［人］off**　　（人）を見送る
- *** **benefit** [bénəfit]　益する、得をさせる
- * **culprit** [kʌ́lprit]　刑事被告人、犯人

今週のスタートは "probably"

[今週の単語 builder]

今週のボキャの中から、最も適切な語を空欄に入れましょう。

① This is ( ) the book he mentioned.
これが彼の言っていた本という可能性もなくはない。

② This is ( ) the book he mentioned.
これがきっと彼の言っていた本だ。

③ This is ( ) the book he mentioned.
これが彼の言っていた本かもしれない。

④ This is ( ) to be the book he mentioned.
これが彼の言っていた本である可能性が高い。

⑤ This is ( ) the book he mentioned.
たぶんこれが彼の言っていた本だろう。

※解答は 196 ページ

[先週の単語 builder 解答]

① comprehend
② with me
③ understand
④ got it
⑤ I see

第15章

That's right. とその仲間たち

《《今週の単語》》

That's right.
You got it.
That's it.
Same here.
You can say that again.

英語でも、相手の言ったことや意見、あるいは自分が聞かれたことに対して、「そうそう」「そういうこと！」といった同意や確証を与える表現は、いろいろあります。
今週は、That's right. をスタートとして、相手に同感であると伝える、あるいは、相手の発言を確証する表現を、いろいろ学ぶことにしましょう。

今週の
スタートは
"That's right."

《今日の単語》

☞ That's right.

「そのとおり、同感」

「That's right.」は、相手の述べたことや、自分が聞かれたことに対して、「そのとおり」「君が言っているとおりだよ」「君の理解は正しいよ」「自分もそうだと思う」などの、確証や同意を意味する表現です。

フォーマルな場でも、カジュアルな場でも使えるので、とても重宝しますが、それゆえに、一旦使い慣れると、今度は「That's right.」ばかりを使ってしまう恐れもあります。

これに対して「Exactly.」は、「That's exactly what I mean.(それこそまさに私の言いたいことだ)」とか、「That's exactly what I said.(それこそまさしく私の言ったことだ)」などの「exactly」のみを抜き出して言ったものです。

「That's exactly what I mean/said.」は、どちらも「That's right.」を強調したようなもの(あるいは逆に、That's right. がそれらの簡易版のようなもの)で、意味としてはほとんど同じです。

ですので、「That's exactly...」の省略したものである「Exactly.」も、「That's right.」とまったくといっていいほど、意味は同じです。

それで、「That's right.」と「Exactly.」は、ニュアンス的に使い分けるというよりは、何度も「そうだよ」「そのとおりだよ」と相手に言うときに、同じ語を何度も繰り返さないための"バリエーション"として使えればよいと思います。

《今日の例文》

"So, I go straight this way and turn left at the second crossing?"
"That's right."
「この道をまっすぐ行って、2つ目の交差点を左ね?」
「そのとおり」

"My kid is getting quite handful these days."
"It's natural for adolescents to be somewhat defiant."
"That's right."
「うちの子、最近すごく手がかかるの」
「思春期の子供は、少々反抗的なのが自然よ」
「そうよね」

《今日の単語、おかわり!》

- *** **crossing** [krɔ́(:)siŋ]　　交差点
- *** **handful** [hǽndfùl]　　手に余る、手に負えない
- ** **adolescent** [æ̀dəlésənt]　　思春期の若者
- ** **defiant** [difáiənt]　　反抗的な

〈今週の単語 That's right. / You got it. / That's it. / Same here. / You can say that again.〉

今週のスタートは
"That's right."

《《今日の単語》》

☞ # You got it.

「そういうこと」

　You got it. には、
1) わかった、言われたとおりにするよ、などの「了解」の意味
2) そのとおり、そういうこと、よくわかってるね、などの「同意や確証」の意味
　の2つがあります。

　今日の場合は、2)の「同意や確証」。got it の「it」は、話の意味、意図、内容、こちらの言いたいこと、などを指しています。直訳すれば、「あなたは話の意味を得た」ということになり、すなわち「そういうこと」とか、「そうなんだよ！」となるわけです。「了解」の場合と同じく、この You got it. もカジュアルな表現ですので、公の場やフォーマルな場では使われません。また、書き言葉などでも、個人的なメールや手紙などを除き、そのまま書くことは、ほとんどないでしょう。

　That's right. は、相手の述べたこと（That）に注意が行きますが、You got it. あるいは、You are right. は、理解した相手（You）に注目するので、より感情のこもった表現ともいえます。

　第13週の"I got it."とは主語が違うだけですが、どちらも「(相手の意図、言いたいことを心に) 得る、納得する」という意味の「get」が基本となっている点がポイントです。

《《今日の例文》》

"This tax stuff is getting crazy! Something's got to be done right away!"
"You got it!"
「この税金のゴタゴタは、おかしいよ！　今すぐどうにかしてもらわないとね！」
「まったくそのとおりだよ！」

"So, in your opinion, people get sick and feel unhappy as a result of seeing things negatively, and not the other way around."
"You got it."
「つまり、君の意見では、人は物事をネガティブにとらえる結果として病気や不幸になるんであって、その逆ではない、ということだね？」
「そういうこと」

《《今日の単語、おかわり！》》

*** stuff [stʌf]　　　　　　　こと、物事
*** as a result of ~　　　　〜の結果として
*** the other way around　逆の、反対の

〈今週の単語　That's right. / You got it. / That's it. / Same here. / You can say that again.〉

今週のスタートは
"That's right"

《今日の単語》

☞ That's it.
「まさしくそう！」

「それはそれ」……？　いいえ、この「That's it.」は、「まさしくそのとおり」「それが言いたかった！」「そうなんだよ！」といった、強い同調、賛成を表す表現です。

「That's it.」の「That」は、話している相手が言ったことを指し、一方、「it」は、自分が言いたかったこと、意見、感想、あるいは話の趣旨、要点、目的などを指しています。つまり「それこそ私の言いたいことだ」「そこが要点だ」といった意味になります。

イントネーションとしては、「That's」をやや強調して、長めに発音します。「まさに」「それこそ」の気持ちが強いほど、「That's」は強調されます。

また、「That's it.」はほかにも、わからなかったことがわかったり、できなかったことができた相手に、「そうだよ！」「そら、できた！」「それでいいんだよ！」「そのとおり！」と声をかけるときにもよく使います。

「That's it.（そのとおり、同感）」と同じような意味では、「Bingo!」「You bet!」などがあります。どれもとてもカジュアルな表現で、友達同士などでよく使われています。

《今日の例文》

"The problem is not what they do, but rather "how" they do it."
"That's it!"
「問題は、彼らが何をするかじゃなくて、『どうやって』それをするかよね」
「そう、そうなのよ！」

"Miso soup is the heart of Japanese. (slurp)"
"That's it. (slurp)"
「味噌汁は日本人の心だわ（ズーッ）」
「ほんとそう（ズーッ）」

(手品などで)
"I got it! See Dad, this is how it works."
"That's it! Well done!"
「わかったぞ！　見て、お父さん、これが仕掛けなんだ」
「そう、そのとおり！　よくできたね」

《今日の単語、おかわり！》

*** **rather** [rǽðər]　よりもむしろ
** **slurp** [slə:rp]　スープなどをズルズルとすする音

〈今週の単語　That's right. ／You got it. ／That's it. ／Same here. ／You can say that again.〉

今週の
スタートは
"That's right."

《今日の単語》

☞ # Same here.

「同感！」

「同じココ」……ではありません。
「Same」は、「same opinion」「same situation」「same feeling」という具合に、「同じ意見、主張、感情、境遇を持った人間」を代名詞的に表現したもので、「here」は、文字通り、「この場」「ここ」の意味。

つまり、「Same here.」とは、「同じ意見・立場の人間が、ここにもいる」＝「同感」「賛成」「私も同じ」というときの言い方なのです。

何が同じなのか、意見か、感情か、あるいは立場や境遇か、によって、訳される日本語は違ってくるのですが、基本的にこのような意味があるとつかんでおけば、さまざまな場面で応用可能だということがわかると思います。

「Same here.」には、昨日までの You got it. や That's it. ほど、感情的なニュアンスはありません。わりとくだけた場面から、会議の席など、ややかしこまった場でも使われます。会議の場合は、「賛成！」「同感です」などの意味で使われることが多いです。

会議など、大勢の中では、「here（ここにあり）」という単語があることで、注意や注目を引くときに効果的です。たとえば、ある人がとある案を発表したとして、他の大半の人はあまり乗り気でないところに、「Same here!（私もその意見に賛成です！）」と言って手をあげるといった具合。

自分の感情や意見そのものに注意を引くというよりは、同じ意見や立場を持った「自分の存在」に注意を引く表現です。

《今日の例文》

"I think something's wrong with today's education system."
"Same here!"
「今の教育システムは、どこか間違っていると思う」
「同感!」

"I don't like the way he clears his throat."
"Same here."
「どうも彼の咳払いの仕方が気に入らない」
「私もダメ」

"I've struggled with English for years."
"Same here."
「もう何年も、英語で苦労してるのよ」
「私だってそうよ」

《今日の単語、おかわり！》

*** clear one's throat　　咳払いなどをしてのどをすっきりさせる
*** struggle with ～　　～と格闘する、～で苦労する

〈今週の単語　That's right. / You got it. / That's it. / Same here. / You can say that again.〉

今週のスタートは "That's right."

《今日の単語》

☞ # You can say that again.

「君の言うとおりだ！」

　映画などで聞いたことがある方も多いのではないでしょうか。今日のボキャブラリー（というより表現）は、ちょっと長いですが、結構よく使われます。

　直訳すれば、「You can say that again.」＝「もう一度言ってもいいよ」となるわけですが、「もう一度言ってもいい」＝「もう一度聞きたいくらい、納得した、共感した」という誇張表現です。

　ですので、意味としては「納得！」「そのとおり！」「まさしくそうだ！」「君は正しい！」「大賛成！」……など、強い共感、賛成、同意、同調などを表します。

　とはいえ、「大賛成」の内容が、スゴイ話題でなくてはいけないというわけでもなく、些細なことや、何気ないことで「同感」というときにも、ごく自然に使われます。

「That's right.」は客観的な「そのとおり」ですが、それに比べこの「You can say that again.」は、自分がそれをもう一度聞きたいというのですから、どんな話題で使うにしても、ずっと主観的で、感情がこもった表現といえます。

　また、共感や納得の一つで、相手の言ったことに感心したりしたときに、「いいこと言うね」と返す場合にも使えます。

《今日の例文》

"This war's got to be ended!"
"You can say that again!"
「この戦争は、なんとしても終わらせなきゃ」
「私も絶対そう思う！」

"Isn't it a beautiful day today!"
"You can say that again!"
「今日はすっごいいい天気ね！」
「ほんと！」

"I believe it's important to keep in mind that we're all allowed to live, and not that we live in our own rights."
"You can say that again."
「私たちは自力で生きているのではなくて、生かされているんだ、ということを心に留めていないといけないと思う」
「いいこと言うね」

《今日の単語、おかわり！》

*** have got to ～　　　～しなければならない

*** keep in mind　　　留意する

** in one's own right　自力で、自分だけの力で

〈今週の単語　That's right. / You got it. / That's it. / Same here. / You can say that again.〉　　**195**

今週のスタートは "That's right."

[今週の単語 builder]

今週のボキャの中から、最も適切な語を空欄に入れましょう。

① You mean you never knew him? - (　).
彼のことはまったく知らなかったんだって？ － そのとおりだよ。

② A smile is like a lubricant in relationships. - (　).
笑顔は人間関係の潤滑油みたいなものよね。 － うまいこと言うね！

③ Dad, I mix red and yellow to make orange, right? - (　).
お父さん、オレンジ色を作るには、赤と黄色を混ぜるのよね？ － そうだよ。

④ So, I press F to go forward and S to stop. - (　).
前へ進むには F を、止まるには S を押すんだね。 － そのとおり。

⑤ My memory is going these days. - (　).
最近、物忘れがひどくて。 － 私もよ。

※解答は 210 ページ

[先週の単語 builder 解答]

① possibly　　　　② probably
③ maybe　　　　　④ likely
⑤ perhaps

独学で英語をモノにするために

メルマガの効能

　第6週で取り上げた「clumsy」シリーズの2日目、「bumbling」を扱ったときのこと。読者のNさんよりメールをいただきました。
「(前略) bumblebee は humblebee とも表現するとか (辞書にあるが)。英国人のユーモアですか。クマンバチとかなんとかいった名前の演奏(音楽)があったように思うが、この原題が BumbleBee だと聞いたことがあります。ご存知なら教えてください」
　カンドーしました(涙)。
　何がって、bumblebee のまたの名が humblebee だなんて。すぐさま辞書で確認したところ、確かにそうでした。まさしく英国人のユーモア。それとも、「挙動不審バチ」という名を申し訳なく思って、b を h に変え、「謙虚なハチ」としたのでしょうか。
「クマンバチとかなんとかいった名前の演奏(音楽)」は、コルサコフの「くまんばちの飛行」だと思ったので(これでもクラシック好きなんですよ。有名な曲なので、皆さん一度はどこかで聞いていると思います)これもすぐに調べてみたら、ピンポーン。英語タイトルが「The Flight of the Bumblebee」でした。またもや感動。
　でも、待てよ……。
bumblebee は「マルハナバチ」、クマンバチじゃないぞ

……。よくある、翻訳時のうっかり間違いが、そのまま気づかれずに通ってしまい、今さら変更できなくなっちゃった、っちゅーパターンですか？！

　なにはともあれ、Ｎさんのメールのおかげでわたし自身のボキャが増え、さらにいくつかの新（＆珍）発見をさせていただき、MY英語ワールドがまたまた広がりました。とっても感謝しております。

　このような読者さんからのメールは、ありがたいことに毎週のようにいただきます。その日のボキャをさらに突っ込んで掘り下げてくださったり、関連して思い出した小話や、実はわたしも知りたいと思いながら、時間がなくて調べられなかった言葉の背景などを教えてくださったりします。

　ほぼ毎日のようにメルマガを発行するのは結構大変な作業でして、あれこれ調べたり確認したりしていると、平気で2、3時間はかかってしまいます。でも、その過程で自分自身がいろいろ勉強できるというオマケがあり、さらにこうして熱心な読者さんからのフィードバックがあることで、与えるよりも多くのものをお返しで頂戴しているなと感じることもしばしばです。

　メルマガはあくまで「基本的な理解」や「勉強のキッカケ」ですので、Ｎさんのように、これをもとにご自身で調べたり考えたりすることが、ボキャブラリーのより一層の理解や定着に結びつきます。「今日のボキャブラリー」を一読したら、ぜひプラスアルファの「一手間」をかけてみてください。辞書で他の例文を読んでみる、反対語を調べてみる、自分の生活で使えそうな場面を思い浮かべてみる。それだけでも随分違ってきますよ。

第16週

problem とその仲間たち

《今週の単語》

problem
trouble
hassle
issue
matter

日本語の「問題」という言葉は非常に幅が広く、場面や状況などに応じて、どの英単語が一番ぴったりくるのか、というのは知っておきたいところですね！

今週の
スタートは
"problem"

《今日の単語》

☞ problem

「問題、課題」 [prάbləm]

　problem から連想するキーワードは……「解決策」。
　つまり、problem は、「問題」と言われるものの中でも、「解決策を必要とするような、問題、課題」のことを指します。
　必要なのは、「答え」というより、「解決策」です。そこに何らかの「難しさ」があり、それを克服するための方法、対策が必要とされるような「問題」、それが、problem なのです。
　problem は、解決策の必要性を暗示するという意味では、「冷静な」単語です（表現がヘンですが……）。問題となっていることや状況、人や性質「そのもの」を指しているので、あまり感情的な要素がありません。
　また、学問や試験の「問題」という意味で「problem」が使われることがありますが、それは「答える」問題というより、「解く」問題のほうを指します。
　一般に、英語のテストの問題は「question」で、数学の問題は「problem」と言えます。

《《今日の例文》》

I have a few problems with this machine.
この機械を使うのに、いくつか難点がある。(=うまく扱うための方法を知りたい)

If we cannot stop squabbling, we both have a problem.
ケンカが絶えないということは、私たちのどちらにも問題があるということだ。(=何とかしなければいけない)

The problem is that he is still under age.
問題は、彼がまだ未成年だということだ。(=そこがどうにもならない難しい点だ)

We have so many problems to solve.
解決しなくてはいけない問題が山積みだ。

《《今日の単語、おかわり！》》

*** squabble [skwábl]　（つまらないことで）口論する
*** under age　　　　　未成年で

〈今週の単語　problem／trouble／hassle／issue／matter〉 **201**

今週の
スタートは
"problem"

《今日の単語》

☞ trouble

「面倒、厄介ごと、問題」[trʌ́bl]

　昨日の連想ゲームでは、problem →「解決策」という答えでした。では、trouble は？　というと……「困った！」がキーワードです。

　problem に出遭うと、人は「考え」ますが、trouble に出遭うと、「パニック」になります。problem が、問題そのものや解決策に目が行くのに対して、trouble は、心配や悩み、苦しみ、迷い、戸惑いなどの感情と直結した単語です。

　厄介で、面倒で、できれば避けて通りたいと思うものが、trouble。小さな問題から、大事にまで、広く使われます。
「That's your problem.（それがあなたの問題なところだ＝何とかしなさい）」とは言えますが、「That's your trouble.」とは言いません。

　I'm having some problems with this car. というと、じきに解決法を見出して、何とかできる、という希望や自信が感じられますが、I'm having trouble with this car. というと、この車、あちこち問題だらけ、自分では手に負えない、危ない、というニュアンスがあります。

　また、中間的な「問題、課題」を指す場合、trouble はややくだけた言葉で、problem は比較的形式的な単語とみなされます。フォーマルな場では、trouble よりも problem を使ったほうがよいようです。

《今日の例文》

The remittance is being delayed due to some trouble on our computer systems.
コンピュータシステムに不具合が生じたため、送金処理が遅れます。

It is clear they are having trouble.
彼らがまずいことになってるのは、明らかだ。

Gee, this's gonna be a big trouble.
うへぇ、ヤバイことになるぞ。

Seems you're in a trouble.
あなた、とんでもないことしちゃったみたいよ。

《今日の単語、おかわり！》

*** remittance [rìːmitəns]　送金

** due to ~　　　　　　　～が原因で

〈今週の単語　problem／trouble／hassle／issue／matter〉

今週のスタートは "problem"

《今日の単語》

☞ hassle

「面倒、問題、ゴタゴタ、もめごと」 [hǽsl]

　昨日の trouble と似たような意味でありながら、もっと口語的でよく使われる語彙です。今朝のラジオ（FEN）で聞いて思い出しました。というわけで、急遽採用。
　Longman では、第一義が、

"something that is annoying, because it causes problems, or is difficult to do（問題になったり、手がかかるために、いらいらするようなこと）"

と定義されています。
　また、第二義は、

"an argument between two people or groups（二人の人や二つのグループ間のもめごと）"

で、こちらは「American English」と限定つきでした。
　日常では、第一義のほうが、やはりよく使われるようです。
「That's too much hassle.」
　などは、「面倒でやってらんない」、「ちょっとカンベン！」、「冗談じゃないよ」という意味で頻繁に耳にします。昨日の「trouble」を使って、「That's too much trouble.」ともちろん言いますが、こちらは「面倒くさいよ」で、「やってらんない」に比べれば、ちょっとおとなしい表現です。

「ちょっと面倒」なことから「ムカつく」ことまで、広く使われます。

　くだけている分、trouble ほど重たい感じはなく、また、trouble は「面倒」だけでなく「心配」「悩み」も連想させるのに対し、hassle のほうは、イライラする、といったニュアンスが強いです。

《今日の例文》

Let's go out for dinner today. Cooking is too much hassle.
今夜は外食にしましょ。料理するのが面倒くさくって！

What a hassle!
あー、もう、やってらんない！

Sorry for the hassle.
メイワクかけちゃって、ごめんね。

Some people say they don't like reading because it's a hassle.
本を読むのはかったるいから嫌いだ、という人もいる。

It's such a hassle not having a mobile these days.
近頃は、携帯を持っていないと何かと不便だ。

《今日の単語》

☞ issue
「論題、問題、争点」[íʃuː]

Longman では、

"a problem or subject that people discuss.（人々が議論するような問題または題材）"

「議論」や「争論」の対象、中心、題材となるようなものを指し、限定的な意味での「問題」を意味する語です。キーワードは「議論」です。

解決策、あるいは心配や不安、ではなく、（ほぼ合意のめどの立たない）意見の違いによって、こじれたり、長引いたり、解決が遅れる、厄介な、難しい問題、労力のいる課題、といったニュアンスです。

時事ニュースや評論、政治経済のハナシでは実によく耳にしますが、《今日の例文》の4つ目にあるように、日常個人レベルでも使います。

くだけた表現ではありませんが、かといって堅苦しい語句というわけでもありません。

《今日の例文》

War and Religion are always tough issues.
戦争と宗教というのは、いつの時代も難しい論題だ。

The employees split into 2 over the restructuring issue.
そこの従業員たちは、リストラ問題をめぐって、真っ二つに割れた。

Discrimination is a longstanding issue.
差別は昔からある問題だ。

Don't cloud the issue like that!
そうやって問題をはぐらかさないでよ！

《今日の単語、おかわり！》

*** **split** [split]	（2つに）分ける、ばらばらにする
*** **discrimination** [dìskrìmənéiʃən]	差別
*** **longstanding** [lɔ́(:)ŋstǽndiŋ]	長く続いている
*** **cloud** [kláud]	曇らせる、あいまいにする

〈今週の単語　problem / trouble / hassle / issue / matter〉

> 今週は
> スタートは
> "problem"

《今日の単語》

☞ matter

「出来事、事実、課題」[mǽtər]

Longman によると、matter の第一義は

"a subject or situation that you have to think about or deal with. (考慮や対処の必要な課題や状態)"

のこと。

キーワードは「事実」です。対立や論争が生じるような問題というよりは、検討や何かしらの対応が必要になる「事態」、あるいは「課題」を指します。

とはいえ、第一義よりも限定的な使い方で、「困った事態、悪い状況」を指すこともあります。それが matter の第二義です。たとえば、

「What's the matter?（どうしたの？）」

困っていたり、悩んでいる様子の相手に、事情や理由を問う言い方で、そのような「限定的」な意味の matter です。

「What's the matter?」と聞く代わりに、

「What's wrong?（一体どうしたの？）」

を使うこともありますが、これはより「困った」意味合いを前面に出して、「wrong（間違い、困りごと）」という語を使っています。

そういう意味では「matter」のほうが広義ですので、相手が困っている、悩んでいることが明らかなとき以外は、「What's the matter?」のほうが無難でしょう。時と場合によっては、「悩んで

いる、困っている」と思われたくない人もいますから。

　matter は、第一義では、ビジネスや日常生活を問わず、いろいろな場面で使われる語です。くだけた表現ではありませんが、かといってフォーマルというわけでもありません。 第二義の「困りごと」という意味は、よりくだけた用法として日常の場面でよく使われます。

　第一義の「a matter of ～ （～の問題）」の言い方は、よく使いますので覚えておくといいと思います。

「a matter of taste （好みの問題）」
「a matter of how it looks （外見、体裁の問題）」
「a matter of values （価値観の問題）」

《《今日の例文》》

（ビジネス文書などで）

Thank you for your assistance in this matter.
この件に関しましては、ご協力をいただきありがとうございました。

Let's just stop complaining. It only makes the matter worse.
もう愚痴を言うのはやめよう。ただ事を悪くするだけだ。

What's your opinion regarding this matter?
今回のことについて、君の意見はどうなの？

今週のスタートは "problem"

[今週の単語 builder]

今週のボキャの中から、最も適切な語を空欄に入れましょう。

① Can you leave me alone? This is my ( ).
そっとしておいてくれる？ これは私の問題だから。

② This is rather a touchy ( ).
これはかなり微妙な問題だ。

③ Planning a menu everyday is a ( ).
毎日献立を考えるのって、面倒。

④ I heard you are having ( ) with your PC.
パソコンがおかしいんだって？

⑤ What's the ( )?
どうしましたか？

※ 解答は 222 ページ

[先週の単語 builder 解答]

① That's right
② You can say that again
③ That's it
④ You got it または That's right
⑤ Same here

第17週

optimistic とその仲間たち

《今週の単語》

optimistic
look on the bright side
upbeat
rose-colored glasses
positive

「前向き思考」「プラス思考」、人生をより良く生きるためには必要だとよく言われますね。今週は「楽観的」という表現のバリエーションを学びます。

今週のスタートは "optimistic"

《今日の単語》

☞ optimistic

「楽観的な」 [optəmístik]

「楽観的な、前向きな」の、代表選手のような語です。あまりに「そのまんま」なので、「楽観的」のほかの言い方を知らない、なんてこともあるかもしれませんね。というわけで、今週は「上を向いて歩こう！シリーズ」（たった今ネーミング）で行きます！

性質として、あるいは見方として、将来や物事の成り行きに対して「楽観的」という場合には、そのまま optimisitc と言うか、あるいは「optimistic about 〜（〜について楽観的な見方／考え方をしている）」という使い方をします。

より具体的な、あるいは特定のことについて、「その可能性を楽観している」と言う場合は「optimistic of 〜」、「それに対しては楽観的である」と言うときは「optimistic on 〜」と言うことがあります。

くだけているわけでも、フォーマルなわけでもない、きわめて「標準的」な語彙です。日常でも、たとえば、

「Don't worry, be more optimistic!（心配しないで、もっと前向きになりなさいよ！）」

なーんて言ったりしますね。

《今日の例文》

I'm optimistic about my future.
将来については、楽観的に考えてるわ。

He's got such an optimistic disposition.
彼ってかなりのんきな性格してるのよ。

Her optimistic remarks relieved our worries.
彼女の前向きな発言のおかげで、私たちの心配は和らいだ。

The king was quite optimistic of the victory.
王はその勝利を楽観していた。

I'm optimistic on the outcome of the trial.
その裁判の結果に対しては、楽観的な見方をしている。

《今日の単語、おかわり！》

- ** **disposition** [dispəzíʃən]　　（人の）気質、性質
- *** **remark** [rimá:rk]　　発言、意見
- *** **relieve** [rilí:v]　　なだめる、安心させる
- *** **trial** [tráiəl]　　裁判

〈今週の単語　optimistic / look on the bright side / upbeat / rose-colored glasses / positive〉

今週のスタートは "optimistic"

《《今日の単語》》

☞ **look on the bright side**
「楽観する、いい面を見る、良いほうにとる」

　この長いのが、同義語？！って感じですね。ズバリ、同義語です。
　字義的には、「明るい面を見る」で、つまり、物事の良い面を見る、いいほうに考える、楽観する、となります。
　自分は optimistic だ、と一言で言うよりも、このような描写的な言いまわしを用いるほうが、ずっと表現が豊かになりますね。
　また、optimistic は、性質あるいはもともとの性格として「楽観的」だ、というのに対し、この「look on the bright side」は、あえて良い面に目を向ける、という、「心がけ」のようなニュアンスがあります。
　何事も、物理的あるいは抽象的な「光と影」がありますが、その「影」の存在を知りつつも、あえて「光」に目を向けましょう、というような意味合いですが、かといって「臭いものには蓋」のような、無責任な響きはありません。
　また、ともすると「根拠のない楽観」や「のんきさ」の意味でも使われる optimistic よりも、好感度の高い語彙です。
　いつも自分に言い聞かせたいような、素敵な表現ですね！

《《今日の例文》》

I do sometimes feel gloomy, but I always try to look on the bright side.
自分だって、たまには落ち込むよ。でも、いつもいいほうに考えようって、心がけてるんだ。

A : Broken-hearted? Cheer up! Look on the bright side!
B : Bright side?! No way!
「失恋したって? 元気出しなよ! 失恋にもいい面はあるよ!」
「いい面?! まっさか!!」

A : How do you like our staying home slack on such sunny Sunday afternoon!
B : Look on the bright side, honey. We are saving money!
「こんなお天気のいい日曜の午後に、2人して家でダラダラしてるのって、どうなのよ!」
「ハニー、いいこともあるよ。お金が節約できるんだから!」

《《今日の単語、おかわり!》》

- *** **gloomy** [glúːmi] 落ち込んだ、憂鬱な
- *** **slack** [slæk] だらっと、緩慢に

〈今週の単語 optimistic / look on the bright side / upbeat / rose-colored glasses / positive〉

今週の
スタートは
"optimistic"

《《今日の単語》》

☞ **upbeat**
「楽天的な、陽気な、明るい」

「up（上へ）」＋「beat（打つ）」で、「上向きな、陽気な、楽天的な」。optimistic が性質、性格として「楽観的」なのに対し、こちらの upbeat は、雰囲気や様子を描写する言葉です。
　Longman の英英辞典では、

"cheerful and making you feel that good things will happen（陽気で、きっといいことが起こると思わせるような）"

となっています。こちらの気持ちを明るく、前向きにしてくれるようなものを指しているわけですね。
　up も、beat も、それぞれに勢いや動きを感じさせる語なので、upbeat と連結すると、ますます勢いや強さを感じさせます。ただ単に前向きだというよりも、そこにそうした勢いや強さ、自信などを加味した言葉です。
　また、optimistic や look on the bright side が「人」について使われていたのに対し、upbeat は人以外の事や物、事象についても使われているのがポイント。
　あなたを明るい気持ちにさせてくれるものは upbeat。そういう意味では、optimistic や look on the bright side は主観的要素の強い意味合いですが、upbeat は相対的な表現とも言えるかもしれません。upbeat と感じるものは、人それぞれですからね。

《今日の例文》

I like this movie because it has an upbeat note throughout.
この映画、はじめから終わりまでハッピーな感じがして好き。

She stayed upbeat during her illness.
病気の間も、彼女は楽天的だった。

I listen to an upbeat music whenever my heart sinks.
気持ちが沈むときは決まって明るい音楽を聴くの。

Some experts are quite upbeat about the economy.
景気についてかなり強気な見方をする専門家もいる。

《今日の単語、おかわり！》

- *** **note** [nout]　調子、響き
- *** **sink** [siŋk]　（気分が）沈む
    - → one's heart sinks　（人の）気持ちが沈む、がっくりする

〈今週の単語　optimistic／look on the bright side／upbeat／rose-colored glasses／positive〉

今週の
スタートは
"optimistic"

《今日の単語》

☞ **rose-colored glasses**

「楽観的な見方、姿勢」

　字義的には、「バラ色のめがね」。もうそれだけで、意味が伝わりますね。

　場合によっては、「悪い面を見ようとしない」とか「地に足が着いていない」というようなニュアンスを伴って、皮肉に使われることもあります。

　ちょっと表現に幅を持たせたいときに、optimisticの代わりに使うと便利かもしれませんね。

《《今日の例文》》

She always see things through rose-colored glasses.
彼女は何に対しても、楽観的な見方を持っている。

Don't be discouraged. Look through rose-colored glasses, then you'll feel better and things will start to change.
そう気を落とさないで。楽観的に構えていれば、気分も良くなるし、事態も変わっていくわ。

《《今日の単語、おかわり！》》

through [θruː]　　　　　　～を通して
discouraged [diskə́ːridʒd]　がっかりした、意欲を失った

〈今週の単語　optimistic／look on the bright side／upbeat／rose-colored glasses／positive〉

今週の
スタートは
"optimistic"

《今日の単語》

☞ positive

「前向きな、肯定的な」[pázitiv]

「彼女、いつもポジティブだよね」。日本語でも、そんなふうに使われます。意味や使い方は、オリジナルの英語もほぼ同じ。
Longman Dictionary of Contemporary English では、

"believing that you will be successful or that a situation will have a good result（自分のしていることが上手くいく、またはある状況が良い結果になる、と信じていること）"

と定義されています。

単に楽観視するというよりも、困難や反対があることも考慮に入れつつ、それを乗り越えられると信じること、悪いことが起きたとしても、最終的には良い結果になると信じること、そのような力強いニュアンスがあります。

optimistic が「将来良いことが起こる」と信じるのに対し、positive は、「（最終的に）良い結果になる、好転する」と信じます。

つまり、optimistic には「悪いことが起こる」という余地が基本的にないのに対して、positive は、悪いことは起こるかもしれないが、最終的には良い結果になる、悪いと思えたことにも、なにか大切な意味や役割があるはずだ、と信じるのです。

《《今日の例文》》

Think positive! Things will be all right.
前向きにいこうよ！ 上手くいくって。（消極的になっている相手を励ます言葉）

Sometimes it takes a lot of courage to stay positive when you are in the doldrums.
不調なときに前向きでいるというのは、ときに非常に勇気のいることだ。

We all must have positive attitude toward life if we want to be successful.
成功したいなら、私たちは人生に対して積極的な態度を持つ必要がある。

《《今日の単語、おかわり！》》

- *** **take** [teik]　　　　（労力を）要する
  → it takes courage to ～　～するには勇気がいる

- ** **doldrums** [dóuldrəmz]　憂鬱、低迷
  → in the doldrums　低迷して、スランプで

今週のスタートは "optimistic"

[今週の単語 builder]

今週のボキャの中から、最も適切な語を空欄に入れましょう。

① Everyone loves his (　) character.
みんな彼の陽気な性格が大好きだ。

② I always try to (　).
なんでも良いほうに取るよう心がけている。

③ To see things through (　) never means closing your eyes to reality.
物事を楽観的にとらえるということは、現実を無視するということでは決してない。

④ I'm quite (　) on the result of the exam.
試験の結果については楽観的に構えている。

⑤ A (　) person looks for a chance to step up, while a negative one looks for an excuse.
前向きな人は常に進歩する機会を探すが、後ろ向きな人は言い訳を探す。

※解答は 234 ページ

[先週の単語 builder 解答]

① problem　　　　② issue
③ hassle　　　　　④ trouble
⑤ matter

第18週

figure out とその仲間たち

《《今週の単語》》

figure out
comprehend
work out
grasp
get the hang of

「わかった！」という表現も、その過程や対象によっていろいろなボキャブラリーがあります。今週は「わかる」「理解する」の言い方を掘り下げてみましょう。

今週の
スタートは
"figure out"

《今日の単語》

☞ **figure out**

「考えつく、解明する」

figure out はよく聞く"句動詞"ですね。Longman の英英辞典では、

"to think about a problem or situation until you find the answer or understand what has happened（ある問題や状況についてよく考え、ついに答えを見つける、あるいは何が起きたかを理解すること）"

と定義されています。

さて、Longman の定義を見るとよくわかりますが、figure out とは、あることについてしばらくよく考えたのち、とうとう答えや解決策、あるいは意味や理由を見出した、というニュアンスの「わかる」「見出す」です。

既出の「find out」や「come to know」は、結果として見出す、だんだんわかる、という意味でしたが、今日の「figure out」の場合は、よりその「過程」に注目した語彙です。

figure とは、名詞では「形」「型」「姿」などの基本的な意味があります。out は、結末や結果を意味しますから、figure out で、最終的にある形になる、ある姿になる＝いろいろ考えた結果、ある答えに到達する、ということになります。

いろいろな方向から、考えに考えてついに解明する、そのようなニュアンスが「figure out」です。ですから、訳出するときは、「頭をひねって考え出す」「（過程を）説明する」「知恵を絞って考

え る」「ようやく理解する」「やっとわかる」など、いろいろな訳し方ができます。

　道端にダイヤモンドが落ちていたのを見つけるのが find、穴を掘って見つけるのが find out、ただの石と思っていたのに、磨いていくうちにダイヤとわかるのが come to know だとすると、figure out は、いろいろな角度から原石を調べて、ついにダイヤだと突き止める、という感じです。

《《今日の例文》》

I can't figure out the answer - it's a total mystery.
どう考えても、理解できない。　－　答えはまったくの謎だ。

Can anybody figure out how to do it?
だれか、どうやったらいいのか、考えつく人はいますか。

We need to piece together these small bits of information to figure out the whole picture.
全貌を解明するために、これらのコマ切れの情報をつなぎ合わせて考える必要がある。

《《今日の単語、おかわり！》》

- *** **total** [tóutəl]　　まったくの
- ** **piece together**　細かなものをつなぎ合わせる、統合する
- *** **bit** [bit]　　断片、少量
- *** **whole picture**　全貌、全容

〈今週の単語　figure out ／ comprehend ／ work out ／ grasp ／ get the hang of〉

今週の
スタートは
"figure out"

《今日の単語》

☞ comprehend

「理解する、把握する」[kàmprihénd]

以前も、「I see ― わかる」のシリーズで登場した comprehend です。
Longman では、

"<formal> to understand something that is complicated or difficult（複雑なことや難しいことを理解すること）"

と定義されています。動詞の基本の意味としては understand とほぼ同じであっても、理解する対象が難解だったり、あるいは背後に特別な意味や意図、さまざまな事情など、何か深いものがある場合、comprehend が使われます。

よく考えることが必要、という含みがある点では、昨日の「figure out」と似ていますが、figure out が考える「過程」をも意味合いに入れているのに対し、comprehend の場合は、やはり find out と同じように、「（難しいものを、結果として）理解する、把握する、読み取る」という、「結果」のほうが前面に出ています。

また、figure out は、頭で考えて答えを出す、という場合にも、意識や心で理解する、思いつく、という場合にも使えますが、comprehend の場合は、どちらかというと、意識や心、認識上「理解する、察する」という意味が強いのです。

ですので、

「I cannot figure out how the criminal got away. （犯人がどうやっ

て逃げ出したのか、いくら考えても考えつかない)」

という文を、強引に comprehend を使って書き換えると、

「I cannot comprehend how the criminal got away.」

となりますが、意味としては、「犯人がどうやって逃げ出したのか、察することができない」という感じで、ちょっとおかしな感じになってしまいます。逃げ出した方法そのものは、comprehend するほど奥の深いことではないからです。

ですが、これがもし、

「I cannot comprehend how the criminal ended up getting away. (犯人がどうして逃げ出す羽目になったのか、理解できない)」

ならば、しっくりきます。なぜなら、「how 〜 end up (どのように〜する羽目になったか)」で、単に逃げ出した方法ではなく、逃げ出すことになった背後の意図や事情などが「わからない、理解できない」という意味だからです。

ただ、この場合でも、figure out のように「考える過程」には特に注目がいきませんので、区別して考えてください。comprehend の代わりとして、figure out を使うことは、たいてい可能ですが、逆に、figure out の代わりとして comprehend を使える場合は限られている、ということができます。

今週の
スタートは
"figure out"

《今日の単語》

☞ work out
「やっと理解する、突き止める」

"to think about something and manage to understand it（あることについて考え、なんとか理解すること）"

というのが、Longman の定義です。

ただし、この定義の冒頭には、< Esp BrE >と注意書きがあります。これは、Especially British English の略で、「特にイギリス英語で」という意味です。

1日目の figure out は、「よく考えて理解する」でしたが、それとほぼ似たような意味で、難しいことや複雑なことを、よく考えて答えを出す、ということになります。

ただ、「manage to understand」とありますので、そこには努力や苦労、かなりの作業があることをうかがわせます。

実際、「figure out」の「figure」は、もともと「形」という意味ですので、ぼんやりしたものの中から特定の「形（＝答え）」を見出す、あるいは、形を与える、というふうに、アタマを使った作業、というニュアンスがあります。

一方、今回の「work out」は、「work」、つまり、作業、労働、が基本単語ですので、同じアタマを使うにしても、読んだり書いたり調べたり、というような、アタマの「外の作業」のようなものが思い浮かぶ語です。

figure out よりも作業や苦労の多いものは、work out した、というほうが感じが伝わるかもしれません。

《今日の例文》

I just can't work out that chemistry task.
あの化学の課題が、どう考えてもわからない。

Police are trying to work out who the criminal is.
警察は、犯人が誰かを突き止めようとしている。

We did everything to work out the codes in vain.
その暗号を解くためにできることはすべて手を尽くしたが、無駄だった。

《今日の単語、おかわり！》

***	**chemistry** [kémistri]	化学
***	**task** [tæsk]	課題
***	**code** [koud]	暗号
***	**in vain**	無駄に終わって

〈今週の単語　figure out / comprehend / work out / grasp / get the hang of〉

今週の
スタートは
"figure out"

《今日の単語》

☞ grasp
「しっかりと理解する」 [græsp]

"to completely understand a fact or an idea, especially a complicated one.（ある事実やアイデア、特に複雑なものを、完全に理解すること）" ― Longman Dictionary of Contemporary English

複雑な事実やアイデアを、完全に理解できるというのは、スゴイことです。もとは、「手でしっかりと握る」「しっかり捕まえる」という意味の grasp は、そのような理解の仕方を指しています。

スタート・ボキャブラリーの figure out や昨日の work out は、「よく考えて見出す、理解する」という、理解の過程を強調し、comprehend は、裏にある事情や意図、理由なども含めて「深く理解する」という、理解の奥深さを強調した語彙でした。

それらに対して、今日の grasp は、「完全に理解する」という、理解の程度を強調する言葉といってよいでしょう。「手でしっかりと捕まえ」て、掌中におさめている状態です。

階段の手すりにつかまったり、混雑した電車内でしっかりとカバンを握り締めるように、「手でしっかりと捕まえる」という意味が基本です。ビジュアルなボキャブラリーで覚えやすいので、しっかり脳に印象付けておきましょう。

《《今日の例文》》

I failed to grasp his meaning.
彼の言っていることを、完全に理解することができなかった。

It is not easy to grasp the whole situation when so many people are involved.
こんなにたくさんの人が関わっているとなると、全体の状況を把握するのはたやすいことではない。

The one who takes the lead should always be aware and grasp what's going on then and there.
先頭に立つ人間は、いつも注意を怠らず、そのときその場でなにが起きているか常に理解していなければいけない。

《《今日の単語、おかわり！》》

*** **fail to ~** 　　　　　〜しそびれる
*** **involve** [inv́ʌlv] 　関わらせる、巻き込む
*** **take the lead** 　先頭に立つ、率先する
*** **aware** [əwéər] 　（…に）気づいて

〈今週の単語　figure out / comprehend / work out / grasp / get the hang of〉

今週の
スタートは
"figure out"

《今日の単語》

☞ get the hang of
「コツをつかむ」

"<informal> to learn how to do something or use something（何かのやり方や使い方を学ぶこと）"

Longman では、上のような定義になっていますが、ただ「学ぶ」というよりは、「コツや要領をつかむ、飲み込む」というニュアンスで使われています。

「How're you doing with your Karate?（最近、空手はどう？）」
「I'm getting the hang of it.（だんだんコツがつかめてきたわ）」

「Computer is not that difficult. You'll soon get the hang of it.（コンピュータはそんなに難しいものじゃないよ。すぐにコツがわかるさ）」

「When you get to a new job, you need to be a bit patient until you get the hang of it.（新しい仕事を始めるときは、要領が飲み込めるようになるまでは、ちょっと我慢が必要だ）」

……といった具合。非常にくだけた表現で、日常よく使われています。昨日までの「わかる、理解する」は、どちらかというと頭や気持ちの上での理解でしたが、get the hang of 〜の場合は、より体感的・感覚的なニュアンスがあります。
もともと「hang」は「（ある一点に）引っかかる」とか「（あ

232

る地点から下へ）垂れる」という意味の動詞です。

　たとえば、よく漫画やＴＶのヒーローもの（？）で、主人公がピューンと崖から落ちたとき、途中の木の枝とかにグワッシ！とつかまって危機一髪！　なーんていう、絶対にありえない場面がありますよね。つまり、木の枝に「hang」するわけですが、あれがちょうど、「get the hang of」って感じですね。
「ワカラナーーーイ！」と、"謎の世界"の崖からまっ逆さま！だったところが、ある地点でグワッシ！　と木の枝をつかんで何とかセーフ！「あ、ちょっとわかったかも！」そんな状態を「get the hang of」と言うのです。

　一方、get the hang of の反対語で、lose the hang of という言い方もありますので、ついでに覚えてしまいましょう。get の反対語の lose を使うことで、「コツを忘れる」「勝手がわからなくなる」「要領を忘れる」という意味になります。

「Gee, after that 3 months break, I'm losing the hang of my Kendo!（まいったな、3ヶ月休んだせいで、剣道のコツを忘れかけてる！）」

これ↑は英語についても同じことが言えます（笑）。
Get in touch with English everyday, or you'll lose the hang of it!

今週のスタートは "figure out"

[今週の単語 builder]

今週のボキャの中から、最も適切な語を空欄に入れましょう。

① It took me such a long time to ( ) the task.
この課題を解くのに、ずいぶん長い時間がかかった。

② Now I'm ( ) it.
やっとコツがつかめてきたわ。

③ I can't ( ) why he abandoned all his property to become a street person.
彼がなぜ財産をすべて放棄してまでホームレスになったのか、私には理解できない。

④ First ( ) the outline, then analize the details.
まずは概略をつかんで、それから細部を分析しなさい。

⑤ We couldn't ( ) what was going on behind it.
その裏側で何が起こっていたのか、僕たちは突き止めることができなかった。

※解答は 246 ページ

[先週の単語 builder 解答]

① upbeat
② look on the bright side
③ rose-colored glasses
④ optimistic
⑤ positive

第19週

on edge とその仲間たち

《《今週の単語》》

on edge
anxious
uneasy
have butterflies
concerned

「心配する」「ドキドキする」「あがる」……緊張や不安を表現する言葉もさまざま。そのときの心境を的確に表現できるようになりたいですね。

今週の
スタートは
"on edge"

《今日の単語》

☞ **on edge**

「ドキドキして、ピリピリして」

今週のスタート・ボキャブラリー「on edge」は形容詞です。Longman では、「edge」の用法の中に、「be on edge」と動詞形で以下のように解説されています。

"to be nervous, especially because you are expecting something unpleasant to happen（特に、何かイヤなことが起こるような気がするために、緊張すること)"

edge とは、何かの「淵（ふち）」や「際（きわ）」のこと。たとえば崖の淵に立つと、「落ちたらどうしよう～」と、誰でも緊張しますね。言ってみれば、そのようなヒヤヒヤあるいはドキドキ、ビクビクした気持ちと言えるでしょう。

ただ、語源としては、そのような事実上の「淵」に立ったときの心境から来ているのか、あるいは自分の容量、許容範囲の「淵」または「際」にあって、限界ギリギリということなのかまでは、調べがつきませんでした……。ゴメンナサイ！

ところで、私は登山が好きで、昔はよく登ったのですが、八ヶ岳の最高峰、赤岳から下山ルートに向かう折、文字通りの崖っぷちを歩いたことがあります（涙）。

足幅 30cm くらいの、人一人通るのがギリギリの場所で、左手は山肌（というか、岩）、右手は空中（笑）。踏み外したら真っ逆さま（汗）、道の脇に、「昭和○年　△△×男　ここに眠る」なんていう墓標を目にしたときは、もう……。

236

on edge を目にすると、ついついあのときのヒヤヒヤ感を思い出してしまうのでした（涙）。まぁそれなりに、exciting でもあったのですが。

《《今日の例文》》

I've been on edge since I finished the last exam... I can't believe I have to wait another week to get the result!
最後の試験が終わってから、ずっとドキドキしっぱなしだよ……結果が出るまでまだ1週間あるなんて、信じらんない！

My boss has been receiving threatening calls and been on edge these days.
上司は連日脅迫電話を受けて、ピリピリしている。

There's been a big road construction near my house and my dog's been on edge because of the loud noise and the lorries coming and going.
うちの近所で大きな道路工事があって、やかましい音とトラックが行き来するのとで、愛犬がビクビクしっぱなしなんだ。

《《今日の単語、おかわり！》》

***	**threatening** [θrétəniŋ]	脅迫するような、脅迫の
***	**construction** [kənstrʌ́kʃən]	工事
***	**lorry** [lɔ́(:)ri]	大型トラック

〈今週の単語　on edge ／ anxious ／ uneasy ／ have butterflies ／ concerned〉

今日のスタートは
"on edge"

《今日の単語》

☞ **anxious**

「気をもんで、不安な」[ǽŋkʃəs]

"very worried about something that may happen or may have happened so that you think about it all the time（これから起こるかもしれないこと、あるいはこれまでに起こったかもしれないことについて、とても心配し、四六時中考えずにはいられない状態)"

こうなると、かなりの重症です↑。それでも、たいていの方は、1度や2度は経験したことのある気分ではないでしょうか。

昨日の on edge も、悪いことが起こるのではと予想して、緊張したり不安になることを意味してはいましたが、今日の anxious の場合は、これまでに起きたかもしれないこと（過去の可能性）までも心配してしまう点、また、心配するあまり、そのことを始終考えずにはいられない、思考までも奪われたような状態、という点で、ニュアンスが異なってきています。

on edge は、具体的な原因のある、一過性の気持ちですが、anxious は、その人の考え方や思考パターンが影響しているといえます。何でもくよくよしたり、ありもしないことまであれこれ想像して、無駄に心配してしまうような思考パターン。

そのうえ、考え始めたら止まらなくて、そのことで落ち着きや平静さも失いかねないような心配、不安が anxious です。

《《今日の例文》》

He's an anxious type in spite of his masculine appearance.
彼は、男らしい外見に似合わず心配性なタイプなんだ。

The rumor about a big earthquake coming made me anxious.
大地震が来るというそのうわさを聞いて、不安で頭が一杯になった。

"What's wrong with you? You look ill."
"I had a health checkup last week and the doctor told me that I need another examination. I'm so anxious that it might be a cancer or something..."
「どうかしたの？　具合悪そうよ」
「先週健康診断を受けたんだけど、お医者さんに再検査をしろって言われたのよ。ガンか何かじゃないかと思って、もう心配で心配で……」

《《今日の単語、おかわり！》》

***	**type** [taip]	タイプ、典型
***	**masculine** [mǽskjəlin]	男性らしい
***	**appearance** [əpí(:)ərəns]	見た目
***	**rumor** [rúːmər]	うわさ
***	**checkup** [tʃékʌp]	（健康）診断、検査

〈今週の単語　on edge ／ anxious ／ uneasy ／ have butterflies ／ concerned〉

今週のスタートは "on edge"

《今日の単語》

☞ uneasy
「不安で落ち着かない」[ʌníːzi]

"nervous, anxious, and unable to relax because you think something bad might happen（何か悪いことが起こるのではと、緊張して、不安で仕方がなく、リラックスできない状態）"

uneasy は easy の反義語です。easy とは、リラックスし、気持ちも体もゆったりとラクにしていられる状態のこと。その反対ですから、不安で緊張しているうえに、そわそわ落ち着かない状態です。

nervous との違いは、nervous の場合が「実際に起こっていること、あるいは心当たりのあること」について心配や不安を感じるのに対し、uneasy は、「起こるのではと思うものの、定かではないこと」に対して不安になる、という点であると、Longman の「nervous」の「Usage Note（用法の注意点）」で述べられています。

「As my girlfriend did not give me any phone calls for a whole week, I started to feel uneasy.（彼女がまる一週間電話をくれなかったので、だんだん不安で落ち着かなくなった）」

この場合は、彼女が電話をくれないために、なにか悪いこと（嫌われたのではとか、自分が怒らせてしまったのでは、など）が起きているのではないかと思いつつも、実際に彼女に何が起きているのかを知りません。そのため、まったくわからないことに対して不安、という点で、uneasy という語がぴったりです。

同じ状況では、nervous はちょっと違和感があります。nervous

の場合はむしろ、

「As my boyfriend was driving so fast when we dated yesterday, I got really nervous. (昨日のデートで、彼がすごいスピードで運転していたので、ホントにハラハラした)」

のような場合に使うのが良いです。実際に起きていること（すごいスピードで運転していること）や、あるいは心当たりのあること（事故に遭うのでは、違反を取られるのでは、etc）で緊張しているからです。

《《今日の例文》》

When our plane was hit by the turbulence and got rather wobbly, we felt really uneasy.
飛行機が乱気流に巻き込まれてかなり揺れが激しくなったときは、私たちは本当に不安になった。

She told me she made a lot of mistakes in her test. That's why she looks so uneasy.
彼女はテストでたくさんミスをしたと言っていた。彼女が不安げなのはそのためだ。

《《今日の単語、おかわり！》》

** **turbulence** [tə́ːrbjələns]　　乱気流

*** **wobbly** [wábli]　　　　　　グラグラ揺れる、不安定な

〈今週の単語　on edge／anxious／uneasy／have butterflies／concerned〉

今週の
スタートは
"on edge"

《今日の単語》

☞ have butterflies

「ドキドキする、あがる」

「ちょうちょを持つ」？？？
　have butterflies というこの表現、もともとは、「have butterflies in one's stomach」という表現なのですが、口頭では省略して、「have butterflies」とか、「get butterflies」と言うことのほうが多いようです。
　で、その意味はというと、もともとの表現「have butterflies in one's stomach」を、文字通り想像してみてください。おなかの中に、ちょうちょがいる。パタパタ、パタパタ……パタパタ、パタパタ……。落ち着きませんね？
　have butterflies とはこのように（どのように？）、自分の中でそわそわ、ドキドキして落ち着かない状態を表現したものです。日本語の、「あがる」という表現に、一番近いかもしれません。

242

《今日の例文》

Everytime I have to give speech in my English class, I get butterflies.
英語のクラスでスピーチをするときって、いっつもあがっちゃうのよね。

"What's the matter?"
"I've got butterflies...Next up is me!"
「どうしたの？」
「緊張しちゃって……次は自分の番なんだもん！」

I always had butterflies before a competition, which made it difficult for me to concentrate and relax, so I adopted imagery rehearsal technique.
試合の前はいつも上がってしまって集中もリラックスもできなかったので、イメージトレーニングのテクニックを取り入れた。

《今日の単語、おかわり！》

***	next up	次の番
***	competition [kàmpitíʃən]	競技、試合
***	adopt [ədápt]	採用する、取り入れる
**	imagery rehearsal	イメージトレーニング

〈今週の単語　on edge／anxious／uneasy／have butterflies／concerned〉

> 今週の
> スタートは
> "on edge"

《今日の単語》

☞ concerned
「気がかりな、心配した」[kənsə́ːrnd]

「concerned」と読んで、「関係する」という意味をまず思い浮かべた方も多いのではないでしょうか。ですが、今日ご紹介するconcernedは、また違った意味です。それは、

"worried about something（あることについて心配すること）" (Longman) です。

上記のLongmanの定義は非常に簡潔ですが、nervousのほうを引くと、そこにUSAGE NOTE（用法）欄があり、concernedについて、さらに深く見ることができます。

そこではまず、

"You are CONCERNED when there is a problem or when someone has a problem that you wish you could do something about（何か問題が生じているとき、あるいは誰かが問題を抱えていて、あなたが何とかしてあげたいと思っているようなときは、「concerned」という）"

と、concernedの詳細を述べ、次に、

"WORRIED is stronger. If you are WORRIED you are unhappy and can not stop thinking about a problem or about something bad that might happen（「worried」はもっと強い意味。「worried」

244

という場合、あなたは憂鬱で、ある問題や起こるかもしれない悪いことについて、考えずにはいられない)"

と、concerned との比較をしています。そしてさらに、

"ANXIOUS is stronger still. You are ANXIOUS when you are very worried and frightened about something that is happening or might happen (「anxious」はさらに強い意味になる。今起きていること、あるいは起きるかもしれないことについてとても「worried」で、怯えているようなときに、「anxious」という)"

としています。anxious については、2日目に学びましたね。

これで、concerned ＜ worried ＜ anxious という式ができました！ こんな詳しい比較がなされているのも、英英辞典の素晴らしいところ（特に Longman は個人的にオススメ）です。

今日の concerned に関して言えば、特定の問題、あるいは問題を抱えている人のことが念頭にあって、「心配している」「気にかけている」「助けてあげたい」と思っているような状態を言うわけですね。

《《今日の例文》》

You know what's wrong with him? He looks so concerned.
彼がどうかしたのか知ってる？　何かすごく、心配なことがありそうに見えるけど。

I'm beginning to feel a bit concerned about my parents' health as they get older.
両親が年を取るにつれて、彼らの健康が少しずつ気がかりになりはじめた。

〈今週の単語　on edge／anxious／uneasy／have butterflies／concerned〉

今週のスタートは "on edge"

[今週の単語 builder]

今週のボキャの中から、最も適切な語を空欄に入れましょう。

① You ( )? Relax!
あがってるの？ リラックスして！

② Don't be so ( ). He'll be all right soon.
そんなに心配しないの。彼はきっとすぐ良くなるわ。

③ My cat has been ( ) since we moved into the new house.
新しい家に越してから、うちの猫はずっとピリピリしている。

④ Watching the news everyday, I'm more and more ( ) about children's future.
毎日ニュースを見ていると、子供たちの将来がますます気がかりだ。

⑤ Hearing there was a murder in the neighborhood, I got very ( ).
近所で殺人事件があったと聞いて、とても不安になった。

※ 解答は 258 ページ

[先週の単語 builder 解答]

① work out
② getting the hang of
③ comprehend
④ grasp
⑤ figure out

第20週

stand とその仲間たち

《《今週の単語》》

stand
put up with
endure
bear
tolerate

「我慢する」もいろいろあります。語句のニュアンスとともに、使う場面によっても違ってきます。今週は「我慢」をテーマに、一連のボキャを展開&掘り下げてみたいと思います！

今週のスタートは"stand"

《今日の単語》

☞ stand

「我慢する、耐える」[stænd]

"to be able to accept or deal well with a difficult situation（困難な状況を受け止める、あるいはうまく対処できること）"

　この定義だけでも、なんだかちょっと目からウロコな気がしませんか？　我慢＝歯を食いしばって耐える、というばかりではないのです。

　stand の場合は、大変なことには変わりなくても、より前向きに「受け止める、うまく対処する」といったニュアンスになっています。

　それで、I can stand it. と言った場合は、「我慢できる」というよりはむしろ、「なんとかなる」「まぁ大丈夫」といった感じになります。耐える、忍ぶ、歯を食いしばって我慢する、というニュアンスではなく、「許容できる」「受け入れられる」といったものになります。

　この「can stand」が否定形になると、ニュアンスがガラリと変わってきます。面白いことに、上記の Longman では、stand の中に、[CAN'T STAND] として独立の項目が設けられています。

　これは、肯定形の stand がごく一般的な意味で広く使われるのに対し、「can't stand」はほとんど独立して、それだけでひとつの言い回しであるかのように、決まって使われるフレーズであるためです。

"not like someone or something at all, or think that something is extremely unpleasant（ある人あるいはあることが嫌いな状態、またはあることがこの上なく不快だと思っていること）"

「我慢できない」とか「耐えられない」以上に、「キライ」「許せない」といった気持ちまでもニュアンスとして含まれているという点に注目してください。

《今日の例文》

"How do you like these kids listening to a loud, jangling music thru their headphones in a crowded train?" "Well, I can stand it."
「混んだ電車の中で、ヘッドフォンして、ジャンジャン大きな音で音楽聴いてるような子たちって、どう思う？」
「うーん、まぁ許せるかな」

I can't stand a man spitting on the road, platform or wherever.
道路とかホームとか、どこでも、つばを吐き捨てる男の人、我慢できない。

《今日の単語、おかわり！》

- ** **jangling** [dʒæŋliŋ]　　ジャンジャン鳴る、やかましい音を立てる
- *** **spit** [spit]　　つばを吐く
- *** **platform** [plǽtfɔːrm]　　（電車の）ホーム

〈今週の単語　stand ／ put up with ／ endure ／ bear ／ tolerate〉

今週のスタートは "stand"

《今日の単語》

☞ **put up with**

「忍ぶ」

　昨日のボキャ「stand」は、「なんとかできる、許容範囲である」という意味でした。今日の「put up with」も、「accept（受け入れる）」要素があるとはいえ、stand ほどは前向きではないようです。

"to accept an unpleasant situation or person without complaining（不愉快な状況や人のことを、文句を言わずに受け入れること）"

　同じ「accept」であっても、こちらのほうは「文句を言わずに受け入れる」という、消極的な受け入れです。一方、昨日の stand は、「うまく対処する」という、積極的な働きかけの要素がありました。
　また、stand のほうは「difficult situation（難しい状況）」と、どちらかというとテクニカルなニュアンスだったのに対し、今日の put up with は「unpleasant situation（不愉快な状況）」と、やや感情的なニュアンスになっています。
　このことも、「put up with」の「忍ぶ」とか「耐える」といった意味合いを強める一因となっています。

《今日の例文》

I have no idea how you can put up with her hysterical temperament.
どうやったらそんなふうに彼女のヒステリー症に耐えられるのか、私にはわからないわ。

I just couldn't put up with their chatter any longer and told them to leave the classroom.
彼らのおしゃべりがそれ以上我慢ならなかったので、教室から出て行くようにと言った。

To have a happy family life, we need to learn to put up with each other's weaknesses.
家族として幸せに暮らしていくには、互いの弱点を忍ぶことを学ばなければならない。

《今日の単語、おかわり！》

- *** **hysterical** [histérikəl] ヒステリックな
- *** **temperament** [témpərəmənt] 気性
- *** **chatter** [tʃǽtər] おしゃべり、むだ話

今週は
スタートは
"stand"

《今日の単語》

☞ endure

「忍ぶ」 [end(j)úər]

"to suffer something painful or deal with a very unpleasant situation for a long time with strength and patience（力や辛抱強さを失うことなく、痛みの伴う経験に甘んじる、もしくは非常に不愉快な状況に対処すること）"

かっこいい〜！　と思いませんか？　この↑定義。

endure という言葉には、強さや尊厳、威厳があります。ただ歯を食いしばって耐えるのでもなく、単にうまく対処するだけでもなく、そこにはその人のパワーや前向きな姿勢、不屈の精神、プライドがあるからです。

同時に、endure はフォーマルな表現でもあります。それで、昨日や一昨日のように、「電車内のウォークマンのボリューム」とか「授業中のおしゃべり」とか「扱いにくい人」程度を「我慢する」という場合には、endure はまず使いません（冗談や皮肉で、大げさに言うときに使うことはありますが）。

Longman では、スタート・ボキャの stand と今日の endure の、口語とライティングで使われる頻度を比べていました。

その結果、口語（Spoken English）では、endure は stand の10分の1以下しか使われないのに対し、ライティング（Written English）では、endure は stand の1.3倍ほど多く使われていました。この差があまりに激しすぎて、かなり意外ではあったのですが、それだけ endure がフォーマルで、インパクトのある語であることがわかります。

《今日の例文》

America has long endured racial conflicts.
アメリカは、長いこと人種紛争に耐えてきた。

Jewish people had to endure severe persecution during WW2.
ユダヤ人は、第二次大戦中、厳しい迫害に耐えなければならなかった。

《今日の単語、おかわり！》

***	racial [réiʃəl]	人種の
***	conflict [kánflikt]	衝突、紛争
***	severe [sivíər]	厳しい、過酷な
**	persecution [pə̀ːrsəkjúːʃən]	迫害

〈今週の単語　stand ／ put up with ／ endure ／ bear ／ tolerate〉

今週のスタートは "stand"

《今日の単語》

☞ bear

「耐える、我慢する」[bear]

　基本の意味は、「保持する、保つ、支える」です。圧力や不快な状況など、抽象的な重荷を「支える」、その下で自分を「保つ」、といったニュアンス。

　もちろん、肯定文で「耐える」という意味でも使えますが、通常は「can't」などの否定形を伴って、「〜を我慢できない」「〜は耐えられない」というように使われることが多い単語です。

　Longman でも、bear の肯定形で「耐える」といった意味の解説をしておらず、第一義を「can't bear」で定義しているほどです。

"〈 can't bear 〉: to dislike something or someone so much that they make you very annoyed or impatient（対象となるものや人を嫌うあまり、イライラしたり腹が立つこと）"

　昨日、stand と endure の比較で、ライティングにおいては endure のほうが stand の 1.3 倍近くよく使われる、という Longman の調査結果をご紹介しましたが、実はそこには今日の bear も比較対照に入っていたのです。

　そして、その結果は、なんとライティングでは、stand と endure を抜いて、bear がトップなのです。使用率としては、stand の倍以上、endure の 1.5 倍近くでした。

　一方、口頭では、stand の 1／3 程度。それだけ、bear もフォーマルで形式的な語であるといえるでしょう。ただ、endure のよ

うなインパクト、意味の強さはないので、日々の我慢を表現するのに使えます。

《《今日の例文》》

I just can't bear people smoking around me when eating.
食事のときに周りでタバコを吸う人のことが、どうしても我慢できないんだよね。

I wonder if anyone could ever bear this sticky heat today.
今日のこの蒸し暑さに耐えられる人なんているかしら。

We can't bear any further raise in the consumption tax.
消費税率をこれ以上引き上げられるのは耐えられない。

《《今日の単語、おかわり！》》

*** **sticky** [stíki] 　　　　　　　　べたつく、蒸し暑い
*** **raise** [reiz] 　　　　　　　　上げること、引き上げ
*** **consumption** [kənsʌ́mpʃən] **tax**　消費税

今週の
スタートは
"stand"

《今日の単語》

👉 tolerate
「辛抱する、許す」[tάləreit]

"to be able to accept something unpleasant or difficult, even though you do not like it（不愉快な、あるいは困難なことを、気に入らなくても受け入れること）"

「似たような説明、前にもなかったっけ？」と思った方、正解です！　1日目のボキャ「stand」でも、"to be able to accept or deal well with a difficult situation" という定義がされていました。
　というわけで、stand と今日の tolerate はほぼ同義と考えてよいのですが、違いとしては、stand のほうがより口語的、という点です。日常の些細な出来事で、「我慢できない！」というときには、tolerate よりも stand のほうがよく使われます。
　また、この語の第一義はここで紹介した「辛抱する」ではなく、「認める、許容する」という（ややオーバーラップしてはいますが）意味になります。
　それで、単に感情的に耐えられない、我慢できない、というよりはやや理性的な、「認める」というニュアンスを含んだ、「忍ぶ」という意味になります。

《《今日の例文》》

We can't tolerate the overtime work any longer - we've got to go on a strike!
これ以上の残業は我慢ならない―こうなったらストだ！

I just can't tolerate that guy - he's so arrogant.
あの男、ガマンできない。すごい横柄なんだもの。

Watch yourself, Kevin. We are not tolerating your disrespect for the school any more. Be a good boy, or you're going to be kicked out!
ケビン、気をつけなさい。学校に対するあなたの無礼な態度がこれ以上容赦されることはないですからね。きちんとするか、さもなくば退学処分ですよ。

《《今日の単語、おかわり！》》

- *** overtime work　　　残業
- *** go on a strike　　　ストライキする
- *** disrespect [disrispékt]　不敬、無礼な態度
- *** kick out　　　退学にする、解雇する

〈今週の単語　stand ／ put up with ／ endure ／ bear ／ tolerate〉

今週のスタートは "stand"

[今週の単語 builder]

今週のボキャの中から、最も適切な語を空欄に入れましょう。

① We are not going to (　) further delay in solving this problem.
これ以上問題解決を遅らせることは容認しない。

② To lead a happy married life, you need to (　) each other's and flaws.
幸せな結婚生活を送りたいなら、互いの欠点を忍ばなければならない。

③ He (　) the harshness of the training.
彼はその訓練の過酷さに耐え抜いた。

④ I just can't (　) a group of people walking filling the road and blocking others' ways.
道いっぱいに広がって、他の人の行く手を阻んで歩く人たちには、どうしても我慢できない。

⑤ I can't (　) his tut-tutting.
彼の舌打ちは耐えられない。

※ 解答は 272 ページ

[先週の単語 builder 解答]

① got butterflies　　② anxious
③ on edge　　④ concerned
⑤ uneasy

独学で英語をモノにするために

単語を増やす芋づるメソッド 1

「決め手はボキャブラリー」のベースが、実践を意識した「類語展開」であることは、まえがきでお話ししました。

ただ、「ボキャブラリーを覚える、増やす」となると、必ずしも類義語展開がベストではないのです。もちろん、類義語で整理するほうが、互いに関連させて頭に入れることができるので、ただあてもなく覚えるよりははるかに効果的です。

それでも、「語彙を増やす」という大きなくくりで考えたとき、試験の"山かけ"のような、短期で大量に覚える場合を除けば、最も効果的で確かな方法が、次のような方法です。

題して、「芋づるメソッド」。いつになく冴えない題名です。でも、その効果を侮るなかれ。

まずは、その簡単な手順をご説明しましょう。

◆ザ・芋づるメソッド・語彙強化法◆
1) 基本の動詞を押さえる。
2) 接頭語を押さえる。
3) 接尾語を押さえる。
4) 語源を押さえる。

たったそれだけかいーーーーーーーー！！
と言わないでくださいね ^^; 手法は何でも、シンプ

ル・イズ・ザ・ベスト。でも、これもやってみればかなり奥の深い方法です。

実は、類義語展開の「決めボキャ」でも、上の「芋づるメソッド」はたびたび採用してご説明しているんですよ。たとえば第26週のシリーズに出てくる「view」の説明でも、一部だけですが上記の4)を使っています。

"この単語（view）の「vi-」はラテン語で「目」という意味で、直接の語源は同じくラテン語の「videre（見る）」からきています。……"

この部分の説明は「芋づるメソッド」の
4) 語源を押さえる
に当たりますが、"「vi」はラテン語で「目」"ということを覚えておけば、ほかにも
vision（見る＋sion［抽象名詞を作る接尾語］＝見えること）
video（ビデオ）
visible（見る＋able［可能の接尾語］＝見える）
visual（見る＋al［性質の接尾語］＝視覚の）
vista（展望）
visit（見に行く→訪れる）
advise（ad［方向の接頭語］＋見る→忠告する）
supervise（super-［「上から」を意味する接頭語］＋見る＝監督する）

などの意味を理解して覚えるのに役立つでしょう。

えぇぇ〜、「visit」って、「vi（目）」が関係していたのかぁぁぁ〜！って、結構発見じゃありませんか？

未知の単語も、こうした「手がかり」を押さえておけば、それだけでつかみやすいものになってきます。

第21週

confirm とその仲間たち

《《今週の単語》》

confirm

check

make sure

verify

clarify

仕事上では、「確認する」「確証する」という類の表現は、書面・口頭を問わず必須ですね。それだけに、同じ単語を多用してしまうと、文章がどうしても幼稚になってしまいます。今週の5日間で、磨きをかけ、自信につなげましょう！

今週の
スタートは
"confirm"

《今日の単語》

☞ confirm

「確証する」 [kənfə́ːrm]

　今週のスタート・ボキャ、confirm についてです。まず、第一義となっているのは、

"to show that something is definitely true, especially by providing more proof（あることが間違いなくそのとおりであると示すこと。特に、さらなる証拠を提供することでそうすること）"

　という解説。基本概念としては、あることを「プラスアルファで確証する、だめ押しする」という考え方です。
　そこから敷衍して、

"to say that something is definitely true（あることが確かにそのとおりであるということ）"

　という、より日常的な適用がされています。
　ビジネスなどで、
"We confirm that...""It is confirmed that..."
　などという場合には、この後者の意味で、「〜ということに間違いはありません」「〜であると確認いたしました」という具合になります。
　ただ、訳語の「確認する」という日本語には、厳密には2つの意味があります。
　1) どのような状態かを調べる

2) そうであると念を押す、裏づけを得る

今日ボキャの confirm は、上記のうちの 2) に当たり、1) の意味では使いませんので、「確認」だからといって安易に confirm を使わないように注意が必要です。

《《今日の例文》》

「今日のスケジュールを確認してちょうだい」
→ **Will you check my schedule for today?**
(→ **Will you confirm my schedule for today?** ×)

「商品の状態を確認しましたか」
→ **Have you examined the products?**
(→ **Have you confirmed the products?** ×)

「商品の到着を確認しました（たしかに到着しました）」
→ **We confirm the goods' arrival.** ○

「パーティの日付（に変更はないか）を確認してください」
→ **Please confirm the date of the party.** ○
※この場合は、Please check the date of the party. も OK。

> 今週の
> スタートは
> "confirm"

《今日の単語》

☞ check
「確かめる、点検する」[tʃek]

check について、まずは Longman の解説を見てみましょう。

"to do something in order to find out whether something that you think is correct, true, or safe really is correct, true, or safe（自分が正しい、真実だ、あるいは安全だ、と考えているあることが、本当に正しい、真実、あるいは安全であるかどうかを見出すため、何らかの手を打つこと）"

「こうだ」と思っていることが、「本当にそうなのか」、事実を見出す（find out、以前出てきましたね！）ために何かをすることを、check というわけですね。

昨日の、
「今日のスケジュールをチェックして」
Will you check my schedule for today? は、「今日のスケジュールはこうだったかな（あるいは「どうだったかな」もアリ）」というのが「本当にそうか」、「実際どうなっているのか」を確かめる、ということ。

他にもたとえば、
Is the gate shut?（門はちゃんと閉まってる？）
I'll check.（確認してくるよ）
や、
You better check the manual.（マニュアル確認したほうがいいよ）

264

という場合も、それぞれ「閉まっているはず（いるべき）」と思っているが実際そうなっているかを確かめる、また、「こう操作する」と思っているが、本当にそうかマニュアルを確かめる、ということですね。

この第一義を敷衍して、より具体的な意味もあります。

"to ask someone for permission to do something or ask whether something is correct（あることをするための許可を人に求めること、または、あることが合っているか間違っているか尋ねること）"

I'll check with my boss about the case.（その件については、上司に確認します）
Check with your dictionary.（辞書で確認しなさい）

というときの「確認する」は、まさにそのものですね。

この限定的な意味で使う場合は、with がくっついている点に注意しましょう。

まとめると、find out（Aの事実を見出す）という意味の場合は〔check A〕、ask（合っているかAに尋ねる）という意味のときには〔check with A〕となります。

こうなると、同じ「辞書を確認する」も、

1) check the dictionary「どのような意味なのか確認する」
と、
2) check with the dictionary「意味がそれで合っているのか確認する」

の2通りあるということがわかりますね。いやはや深い！

〈今週の単語　confirm／check／make sure／verify／clarify〉

今週のスタートは
"confirm"

《《今日の単語》》

☞ **make sure**

「確認する」

　make sure は、もしかすると、check と同じくらい、「確かめる、確認する」では頻出の動詞句かもしれませんね。

"to find out if something is true or to check that something has been done（あることがそのとおりかどうかを見出すこと、あるいはあることがちゃんと行われているかを確認すること)"

　おやおや、これって昨日の……と思われた方、バッチリです！
　意味としては、昨日の check とよく似ている、といえます。
　たとえば、昨日の、
Is the gate shut?（門はちゃんと閉まってる？）
I'll check.（確認してくるよ）
を、make sure を使ってそっくりそのまま書き換えることができます。
Is the gate shut?
I'll make sure.
　というふうに。
　とはいえ、「決めボキャ」読者の皆さんはもうすでによくご存知のように、ニュアンスまでもまったく同じという単語は、ほとんどありません。make sure と check についても同様です。
　make sure のほうは、sure（確実な、確かな、間違いのない）という形容詞がありますが、その語の影響で、「確かめる」という動作に注目している check よりも、その結果、結論としての「確

かさ、正しさ」により意識がいきます。

たとえば、上記の「門が閉まっているか、確認してくる」という場合でも、戻ってきた相手が、
The gate is OK.（門、大丈夫だよ）

と言ったとしましょう。もしこれが、「I'll check.」と言って戻ってきた人の場合は、もしかするとあなたは、
Are you sure?（本当に大丈夫？）

と聞きたくなるかもしれません。なぜなら、check という単語が、確認作業という動作に着目しているため、ともするとその check の仕方が不十分、ということがありうるからです。

一方、これが、「I'll make sure.」と言って戻ってきた人であれば、あなたは、
Oh, thanks.（ありがとう）

と言うことができるはずです。どのような仕方で確認したのか、その「動作」についてはともかく、いずれにしても「門はちゃんと閉まっている」という「確実な（sure）結論」を得たのだ、と安心できるからです。

《《今日の例文》》

You better make sure the exam date.
試験の日付、確認したほうがいいわよ。

Please make sure that the luggage is ready.
荷物が準備できてるか、確認してください。

Make sure all the windows are locked before you go out.
出かける前に、窓がすべて鍵がかかっていることを確かめなさい。

〈今週の単語　confirm ／ check ／ make sure ／ verify ／ clarify〉

今週の
スタートは
"confirm"

《今日の単語》

☞ **verify**

「確証する」[vérəfai]

　今日ボキャの verify は、昨日までのボキャに比べ、普段あまりお目にかかることも、自分で使うことも少ないかもしれません。
　それでも、意味としてはこれまでの check や confirm とほとんど一緒。

"to find out if a fact, statement etc is correct or true; check（ある事実や言葉などが正しい、あるいは真実であるかを見出すこと。check すること）"

　↑ほら！　置き換え可能な語として、check がそのまま挙げられていますね。
　ですので、意味としては「確かめる」ということで、check と同じです。ではなぜ、お目にかかることが少ないのか？
　この verify は、ラテン語の verus（真実の、という意味）からきていて、very（とても）と同じ語源です。単に「どうかな～」と確かめる、というよりは、「真実か？」と、より「嘘か真か」に注目して「確認する」という感じです。
　Longman の定義中に、「formal」というような但し書きはないものの、実際には比較的形式ばった、やや固い言葉で、ライティング、スピーチや、陳述、ニュース記事その他、「日常会話」よりはもうひとつ上の固さの範囲で使われることが多いです。
　上記の基本の意味を敷衍して、confirm と同じく、「あることがそのとおりであるということ」という、より限定的な意味もあり

ます。Longman では、この解説には confirm がまるまるそっくり挙げられていました。

ですので、この第二義についても、confirm と意味は同じだが、やや形式ばった固い表現だ、ということができます。

《《今日の例文》》

Can you verify that?
君は一体それを証明できるのかね？

Verify first what you said, and I will believe you.
あなたが言ったことをまず確認してよ。そうしたら信じるから。

Regarding the fire disaster, no one could verify that the gas was turned off at the main.
その火災に関しては、ガスの元栓が閉まっていたと確証できた人はいなかった。

Please verify the box is empty before you push the botton.
ボタンを押す前に、必ず箱に何も入っていないことを確認してください。

《《今日の単語、おかわり！》》

*** **disaster** [dizǽstər]　災害

** **main** [mein]　　　　　（水道などの）本管、（ガスの）元栓

今週の
スタートは
"confirm"

《今日の単語》

☞ clarify

「明確にする」[klǽrifai]

　今日ボキャ clarify も、昨日の verify 同様、普段あまりお目にかかることの少ないボキャでしょう。
　意味としては、これまでの「確認する」とは少し守備範囲が異なってきます。

"to make something clearer and easier to understand（あることをより明確に、わかりやすくすること）"

　ですので、「チェックする」「そのとおりか確かめる」という意味の「確認する」とは少し意味が違います。
　たとえば、契約内容や込み入った企画などで、関係者に「ちょっと確認したいんだけど……」と言う場合。
　自分が「こうだ」と思うことが、それでいいのかを「確認したい」というのであれば、Let me just make sure... とか、I just want to confirm... あるいは Let's check... で OK ですが、
「よくわからない、または不明瞭な部分があるので、はっきりさせたい」という意味で「確認」と言っているのであれば、
　I think we need to clarify...Would you clarify...?
　のように、「はっきりさせる」「明らかにする」「わかるように説明する」という意味の「clarify」を用いると非常に具体的です。
　もちろん、広い意味では clarify も、confirm や make sure の範疇ですので、「A なのか、それとも B なのか、はっきりさせたい」

というときに、make sure や confirm を使うことは可能です。

　clarify　＜　confirm　＜　make sure

という感じでしょうか。

　ですがやはり、「確認」というときに、便利だからといつも「make sure」ばかり使うよりは、clarify したいのか、confirm したいのか、というふうに使い分ければ、相手に対しても、こちらが何を求めているのか意図をはっきりと伝えることができますので、当然 better でしょう。

　この clarify、昨日の verify 同様、やや固い語ですので、日常会話ではむしろ

make it clear

のような表現のほうが使われています。

　いい機会ですので、少しお勉強しますと、昨日の verify も今日の clarify も、実は「形容詞（またはラテン語形容詞）＋(i)fy」で、「〔形容詞〕の状態にする、〜化する」という動詞になったものです。

very + fy

clear + ify

　他にも、

　beautify　magnify　purify　modify　simplify

などなど、たくさんあります。このように、単語の後にくっついて、単語の働きに影響を与える語（ここでは「ify」）のことを、接尾辞（英語では suffix）と言います。逆に、en- など、単語の前にくっついて影響を与える語は接頭辞（prefix）といいます。

　かといって、フォーマルと言うほどではないので、日常で使ってもおかしいことはありませんが。日本語の、「明確にする」「確証する」「簡素化する」というのと同じような感覚でしょうか。

　お時間のあるときに、辞書で調べてみると楽しいですよ！

今週のスタートは "confirm"

[今週の単語 builder]

今週のボキャの中から、最も適切な語を空欄に入れましょう。

① Please ( ) if you have received our fax safely.
FAX が無事届いたかどうか、ご確認のうえお知らせください。

② ( ) that the box is empty before dumping.
箱を捨てる前に、中身が空であることを確かめてください。

③ Will you go and ( ) that all the lights are turned off?
電気が全部消してあるか、行って確かめてきてくれる？

④ I just wanted to ( ) who is responsible.
責任の所在を明らかにしたかっただけなんだ。

⑤ I have ( ) the document.
その書類はチェックしました。

※ 解答は 284 ページ

[先週の単語 builder 解答]

① tolerate   ② put up with
③ endured   ④ stand または bear
⑤ stand または bear

272

第22週

fun とその仲間たち

《今週の単語》

fun
funny
marvelous
fascinating
hilarious

「面白い」といってもいろいろ種類がありますよね。かなり意味合いやニュアンスの違うものもあるので、場違いな単語を使ってヒンシュクを買わないようにしないといけません <(^_^) それでは、今週は「オモシロイ」シリーズでまいります！

今週のスタートは"fun"

《今日の単語》

☞ fun

「楽しみ」[fʌn]

　今日ボキャの「fun」ですが、同じつづりで名詞と形容詞の2つがありますので、注意しましょう。さらに、形容詞の fun は、名詞の前でのみ使うことができます。つまり、補語として独立して使うことはできない、ということ。

　It was a fun night. のようになります。
　The night was fun. と言うときの「fun」は形容詞ではなく名詞の「fun」です。
　今日はその名詞「fun」について見てみましょう。
　まず Longman の定義では、

"an experience or activity that is very enjoyable and exciting（参加してとても楽しく、ワクワクするような経験または活動）"

と説明されています。
　ここからわかることは、まず「自分が実際に参加している（いた）」ということ。ですので、たとえば「映画を見たとき」の場合を例に取ると、映画そのものが「面白い」というよりは、映画を見に行った、その日のその経験、ひとときが「楽しかった」というときに、この fun を使うことになります。通常、fun は不可算名詞ですので、a などの冠詞はつけずに使います。

　It was fun to go to/going to the movie with you last night!（ゆうべは、あなたと一緒に映画を見て楽しかった！）

こう見ると、名詞のはずの fun が形容詞のように見えますが、実は違うんですねぇ。このように、まるで形容詞であるかのように、to 不定詞が取れる名詞というものがいくつかあります。お時間のある方は、文法書や大きめの辞書などで調べてみてください。

で、この fun の意味をまとめると、「ある活動に参加したり、経験をしたりして、それがとても楽しかった」という場合に使う、ということになりますね。

ところで、Longman の解説中に出てきた2つの単語、enjoyable と exciting を、そのまま「面白い」の意味として使うこともできますよ。

enjoyable は「(経験や活動が) 楽しめる」、exciting は「わくわくする」という意味です。特に映画の場合は、「見ていてハラハラどきどき、興奮して楽しかった」というような場合（アドベンチャーとかアクションが多いのでしょうか？）、「Wasn't it so exciting!（すっごい面白かったね！）」のように言うことができます。

enjoyable のほうは、「that gives you pleasure（楽しみと満足をもたらす）」という意味ですので、より精神的で物静かなニュアンスですね。

《《今日の例文》》

"Have fun!"
「楽しんできてね」

"I've never had so much fun as today."
「こんなに楽しい思いをしたのは今日が初めて」

〈今週の単語　fun／funny／marvelous／fascinating／hilarious〉

今週は
スタートは
"fun"

《今日の単語》

☞ funny

「おかしい、こっけいな」 [fʌ́ni]

同じ fun から来ている、今日ボキャの funny、「ny」がくっついただけで、どう違うの？　と思いませんか？

これが、まるで違うので要注意！　昨日の、「あなたと映画を見て、楽しかった〜」を言おうとして、「fun（ワクワク楽しい）」を使うべきところをうっかり「funny」と言ってしまったら……。

おそらく、もう二度と、デートに誘われることはないでしょう（涙）。そのくらい、違うんです！

では、まず Longman の説明をひもといて見ましょう。

"amusing; making you laugh（面白おかしくて、笑いたくなる）"

ひもとくも何も、とってもシンプルでしたね（汗）。

昨日の fun との違いは、fun が「楽しい」に対し、funny は「おかしい、こっけいな」。少々説明が難しいですが……。

fun は笑顔なのに、funny だと指差して大口を開けてワッハッハ〜！　な感じ。とにかく大笑い、という感じですね。

「昨日あなたと映画を見に行ったのは、ワッハッハ〜だったよ」……やっぱりヒンシュクですねぇ。

それでも、「とにかく笑わせたくて、コメディーを見に行って、おまけに自分でパロディーもやってあげた」というようなデートだった場合は（あるのかなぁ……）、「It was funny.」と言われても、必ずしもイヤじゃないかもしれませんが。

とはいえ、funny には純粋に「おかしい、こっけいな」という

意味から発展して、「へんてこな」「変わり者の」という意味もありますので、それが本当に笑いを意図した（または、笑いの場での）言動でない限り、相手の気分を害してしまうこともありえます。注意しましょう。

《《今日の例文》》

"We took Harry to a lake the other day, and it was the first time that he rowed a boat. It took quite a long time till he got the hang of it, and he just went round and round and round... It was so funny."
"Oh, it's no funny! Nobody gets it right from the beginning. Practice makes perfect!"

「こないだ、ハリーを湖に連れて行ってね。ハリーがボートをこぐのはそのときが初めてだったんだけど、うまくこげるまでかなり時間がかかってさ。おんなじ所を、ひたすらグルグルグルグル回ってて……すっごいおかしかったよ」
「あら、ちっともおかしくなんかないわ！　初めからうまくできる人なんていないでしょ。練習あるのみ！」

《《今日の単語、おかわり！》》

***	**row** [rou]	（ボートや船を）こぐ
***	**get the hang of ~**	～のコツをつかむ
***	**get it right**	うまくできる、正しく理解する
	Practice makes perfect.	［諺］習うより慣れろ。

〈今週の単語　fun ／ funny ／ marvelous ／ fascinating ／ hilarious〉 277

今週のスタートは "fun"

《今日の単語》

☞ marvelous
「非常に素晴らしい」[máːrvələs]

今日の marvelous は、

"extremely good, enjoyable, or impressive etc（非常に良い、楽しい、または感動的な、etc)"

という定義。これまた意味がひろ〜い！ ですよねぇ。最後の「etc」が、「てな感じ」みたいに、その広さを物語っています（笑）。

この類の「広義な語」はどれも、「便利だけど使いすぎてインパクトが弱くなりがち」という欠点があります。今日ボキャの marvelous もしかり。日本語の「素晴らしい」や「ステキな」に相当する語です。

「映画」に関して言えば、ジャンルはともかく、「とにかく素晴らしい！」と思ったら、marvelous! と言うことはできます。

ただしその場合は、「It was marvelous!」と言った後に、
「The casting was excellent.（配役が見事だった）」
とか
「The scenery was incredibly beautiful.（背景の景色が信じられないくらいキレイだった）」
「The ending was so touching.（最後の場面がすごく感動的だった）」などの、「何が具体的に良かったのか」「何が特に気に入ったのか」という点を付け足すのが良いでしょう。

「すごい良かった〜」といったところで、会話が途切れてしまっ

ては悲しいですよね。そうならないためには、なにか具体的な事例をひとつ挙げるだけでも、相手にボールを投げてあげることになり、会話が弾みます。これは、marvelous に限らず、すべての「広義な語」に当てはまりますので、会話などの実際の場では覚えておくと良いと思います。

今日の marvelous に関連して、good や wonderful についても触れておくと、good は（これも広義の代表のような語）「良い」、wonderful は、"making you very happy（幸せな気持ちになる）" という意味です。

good は広義すぎるため、「It was good.」というと、かえって「他の具体的な表現が思いつかないくらい関心がなかった、インパクトがなかった」と、逆の意味になりかねませんので、あまり多用しないほうがいいでしょう。

wonderful は「素晴らしい」と「嬉しい」の両方のような意味ですが、これも広義でよく使われるため、逆に意識して使わない（＝本当に wonderful の表現にピッタリのときにだけ使う）ようにしたほうが無難です。

今週のスタートは "fun"

《今日の単語》

☞ fascinating
「とても興味を引く」[fǽsənèitiŋ]

"extremely interesting（非常に興味をそそる)"。

ここで、この fascinating という語について考える前に、上の定義で使われている「interesting」について、少し解説が必要でしょう。

学生時代（ほとんどの方は中学？）、「面白い」という訳語がついている単語で、初めて習ったのはこの interesting ではないでしょうか。それでつい、「昨日の TV 番組は funny だった」と言うべきところを、「interesting だった」と言って、でも話は通じてしまうので、これでいいんだと思い込んでいたり。
「彼は、とても funny な guy です」と言うべきところで、「interesting guy」だと言ってみたり。

英→和で覚えてしまうことのキケンがここにありますね。

……と、それはさておき。この interesting は、「もっと知りたいと思わせる、注意を引く」という意味の動詞、interest の現在分詞が形容詞化したものです。つまり、「もっと知りたいと思わせるような、注目を集める」という意味。ですので、わっはっは〜！なオモシロさではなく、あくまで知的、感覚的な「興味深さ、面白さ」を指します（ちなみに、funny guy だと笑わせ屋で、interesting guy だと、そんじょそこらにいないような、ユニークな人物、という意味になります）。

そして、今日ボキャの fascinating は、「extremely interesting（字義：極度に興味深い)」ということですから、アタマもココロ

もとりこになってしまうような、もうハートくぎ付け！のような、そんな状態です。

面白いことに（←このようなときは、interestingly と言う……蛇足）、fascinating の動詞原型、fascinate の語源は、ラテン語の「fascinum（魔力）」と「atus（〜させる）」の組み合わせ。つまり、「魔力にかける」という意味になるんです。

その圧倒的な魅力で、魔力にかかったかのように、知的・感覚的にとりこになってしまうくらい、興味深い。そのようなものを形容して、fascinating というわけですね！

《《今日の例文》》

Have you read this novel yet? It's a must! The whole story's so fascinating!
この小説もう読んだ？　ゼッタイ読むべきよ！　話がとにかく面白いんだから！

When I was little, my grandpa would read me various fascinating books.
子供の頃、おじいちゃんはよく、いろいろな面白い本を読んでくれた。

《《今日の単語、おかわり！》》

- *** **must** [mʌ́st]　　絶対必要なもの、必見のもの
  → It's a must.　それはやるべきだ。／絶対オススメよ。
- *** **various** [vɛ́(:)əriəs]　さまざまな

今週の
スタートは
"fun"

《今日の単語》

☞ hilarious

「爆笑モノ」[hiléəriəs]

　まぁ、ちょっとインパクトの強い訳語を当てましたが……、英和などで使われている、「ひどく面白い」「ひどくおかしい」(いい意味なのか、そうじゃないのか、ビミョウ)等よりは、感覚がつかみやすいと思うのですが。<(^_^)

"extremely funny（極端にこっけいな、極度に面白おかしい）"

　……たしかに、「ひどく面白い」と訳せないことはないですが。
　funny が「わっはっは〜！」だったので、それが extreme（極限）にまで行ってしまった状態。やっぱり「爆笑モノ」ではないでしょうか！
　とはいえ、日本語の「爆笑モノ〜！」ほど、頻繁には使われていない点がミソ。もちろん、「爆笑モノ」が流行の言い方のひとつということもありますが、hilarious そのものも、やはり、たとえば「crazy」などの同じような意味の単語に比べて、使用頻度がやや少ないのです。
　もちろん、だからといってフォーマルだとか、堅苦しい、ということではなく、ごく普通に使えることには変わりありません。

《今日の例文》

"Yesterday, I met my ex-boyfriend by accident. You know, I dumped him because he didn't stop fooling around."
"Wow. And?"
"I didn't even wanna talk, but he stopped as if to have a chat. Then my dog seemed to find his legs good for peeing, ...which drove him away! He saved me!"
"That's hilarious!"

「昨日さ、前の彼氏にばったり会ってね。フラフラ遊んでばっかで、私が振っちゃった人なんだけど」
「ワォ。で？」
「話したくもなかったんだけど、彼、おしゃべりでもしようと思ったのか、立ち止まって。そしたら、私の犬がね、彼の脚を電柱と間違えたらしく……彼は一目散！　おかげで助かっちゃった！」
「ウケる〜！」

《今日の単語、おかわり！》

***	**by accident**	偶然に
***	**dump** [dʌmp]	（恋人を）振る
***	**fool around**	ブラブラする、遊んでばかりいる
**	**pee** [piː]	おしっこする（幼児語）
***	**drive [A] away**	A を追い払う、撃退する

〈今週の単語　fun ／ funny ／ marvelous ／ fascinating ／ hilarious〉

[今週の単語 builder]

今週のボキャの中から、最も適切な語を空欄に入れましょう。

① Wasn't it a wonderful movie? The story was (　).
すばらしい映画ね。ストーリーに引き込まれちゃったわ。

② I was impressed by the (　) skills of the magician.
そのマジシャンの見事な技に感動した。

③ His joke was so (　) everyone laughed out loud and could hardly speak.
彼のジョークがあまりにおかしくて、どの人もしゃべることができないほど大笑いだった。

④ School is much more (　) when you have lots of friends.
友達がたくさんいれば、学校はずっと楽しくなる。

⑤ How was the program? - It was (　)!
番組どうだった？ － 爆笑モノだったよ！

※解答は 296 ページ

[先週の単語 builder 解答]

① confirm
② verify または make sure
③ make sure または check
④ clarify
⑤ checked

第23週

effect とその仲間たち

《《今週の単語》》

effect
influence
impact
consequence
repercussion

「影響」には、「受けやすい、受けにくい」などの形容詞までも含めると、実にさまざまな言い方、表現があります。とはいえ、すべてを扱うことはできませんので、今週は「影響」という名詞を中心に、ポピュラーな語彙とその用法を展開していきたいと思います！

今週は
スタートは
"effect"

《今日の単語》

☞ effect

「影響」 [ifékt]

"the way in which an event, action, or person changes someone or something（ある出来事、行為、または人物が、別の人や物事を変える様子・結果）"

　なるほど！　といった感じの解説ですね。さすが Longman。
　そして、単に、影響した「結果」に注目するというのではなく、それを引き起こした「ある出来事、行為、または人物」、つまり、その「原因」にも同じくらい注目しているのが、今日ボキャ「effect」の最大のポイントです。
　「cause and effect（原因と結果）」というふうに、セットで使われることも多いですが、「結果」という意味を成しながら、その中には背景となった「原因」がくっきりと暗示されているようなニュアンス。
　「effect」と聞いたら、「で、その原因は？」と聞かずにはいられないようなニュアンスです。
　この語は、ラテン語の ef-（外に）と、facere（遂げる）が語源になっていて、外に遂げる→表面に現れる形で成し遂げる→「影響、結果」と結びつきます。
　ただし、単語としては通常名詞扱いで、動詞の effect もあることはありますが、「（変化や結果を）生み出す」というフォーマルな用法に限られていますのでご注意を。
　一方、「affect（影響する、影響を与える）」は、effect の動詞版と思ってください。

英語で説明すると、
affect = have an effect on
となります。
　内容的にも effect と同様、影響を与える「原因」に注目させる語です。2つともセットで覚えてしまいましょう！

《《今日の例文》》

"Will this affect you?"
"Yes. In fact, it's a very serious effect."
「このことは君に影響があるかね？」
「あります。実際、かなり深刻な影響なんですよ」

The effects of environmental pollution are obvious.
環境汚染の影響は明らかだ。

"I've got a new medicine from my doctor today."
"Did you ask about the side effects?"
「今日、医者から新しい薬を処方されたよ」
「副作用についてはちゃんと聞いたの？」

《《今日の単語、おかわり！》》

***	serious [sí(:)əriəs]	深刻な
***	environmental [invàiərənméntəl]	環境の
***	pollution [pəljúːʃən]	汚染
***	obvious [ábviəs]	明白な
***	side effect	副作用

〈今週の単語　effect／influence／impact／consequence／repercussion〉

今週の
スタートは
"effect"

《《今日の単語》》

☞ **influence**

「影響力」[ínfluəns]

"power to have an effect on the way someone or something develops, behaves, or thinks without using direct force or commands（直接的な圧力や命令を用いずに、誰かあるいは何かが成長したり、振る舞ったり、考えたりする過程に影響を与える力のこと）"

少し文章が入り組んでいますが、ようは、昨日の effect を行使する力、パワーそのもののことを「influence」と言います。ですので、influence は「影響」よりは「影響を与える力、影響力」と理解するのが、より正確です。

また、ここから発展して、そのような力を有する存在そのもののことを「influence」と言うこともあります。ちょうど、日本語の「勢力」に当たる語ですね。

この influence の語源を調べてみると、ラテン語の in-（中へ）と fluere（流れる）から来ていることがわかります。しかも、もともと天文用語（！）で、「星が流れ込んで起こる力」のことを指していたのだそうです。

「星が流れ込んで起こる力」……どんな力なんでしょう……ブラックホール？？？　文明は、昔へさかのぼるほど高度になるって、本当ですね<(^_^;) どなたか、何の力のことかわかる方いらっしゃいましたら、教えてください！

……ちょびっと脇道へそれましたが。

「影響」というものの中でも、それを及ぼす「力」に注目する場合は「influence」ということですね。

ちなみにこの「influence」、同じ形で動詞もあります。意味はそのままで、
influence（動詞）= have an influence on となります。

《《今日の例文》》

This painting shows Greek influence.
この絵画には、ギリシャ文化がおよぼした影響が現れている。

The existence of a rival often has a positive influence on one's development.
ライバルの存在は、個人の成長にポジティブな影響をおよぼすことが多い。

Our boss values influence more than ability.
うちの上司は、能力よりもコネを評価する。

《《今日の単語、おかわり！》》

- *** **existence** [igzístəns]　　　存在
- *** **development** [divéləpmənt]　発展、成長
- *** **value** [vǽljuː]　　　評価する、重んじる

今週の
スタートは
"effect"

《今日の単語》

☞ impact

「特定の影響」[impækt]

"the effect or influence that an event, situation etc has on someone or something（ある出来事や状況などが人や物事に与える特定の影響）"

えーっ、昨日までと同じじゃん！　と思われた方。ノンノン、チッチッチッ d(-.-) "effect or influence" の前に、定冠詞 the が付いていることに注目！

つまり、広く一般的な「影響」というよりは、より限定的な「影響」だ、ということが、この語のポイント。

何が「限定的」かといえば、その原因となる「出来事や状況」と、さらに、impact を与える対象である「someone or something」もそうです。

impact というと、単に「こういう影響があるよ〜」というにとどまらず、「あの人に」「この家に」「今後の展開に」……など、その「対象」に注目が行くのです。

もともと impact は、「くっつける」という意味のラテン語 pangere に、「内へ」の強調 im- がくっついてできた語で、つまり「（互いに）内へ強くくっつける」という意味。そこから、「衝突」という基本の意味が派生しました。

そこからさらに発展したのが「影響、衝撃、印象、感化」という意味ですので、effect や influence のような、原因 A からボヨヨ〜ンと発生する波のような「影響」ではなく、原因 A から対象 B に向かって、ドビューン！　と発射される隕石（いんせき）のような、関係の

はっきりした、強い、直接的な「影響」のことを指すのです。
　図で示すと、
A))))))　　←これは effect, influence
A＝＝＝＝＝＞B ！　←これが impact
　という感じです（苦心の作↑）。

《《今日の例文》》

The voyage had a strong impact on the artist.
この船旅は、その芸術家にとって強烈な感化を与えるものであった。

The threat had almost no impact on that brave youth.
その勇敢な若者に対して、脅しはほとんど意味をなさなかった。

The accident has less impact on the project than expected.
このプロジェクトに対する事故の影響は、思ったより少ない。

《《今日の単語、おかわり！》》

　　** **voyage** [vóiidʒ]　　船旅、航海
　　*** **threat** [θret]　　脅し、脅迫
　　*** **expect** [ikspékt]　　見込む、予測する

今週のスタートは"effect"

《今日の単語》

☞ consequence

「結果的な影響、なりゆき」 [kánsəkwèns]

"something that happens as a result of a particular action or set of conditions（特定の行動や、一連の条件の結果として起こるもの）"

こうなると、「影響」よりもより具体的で断定的な「結果、結論」を指すことがわかると思います。

この「consequence」は、ラテン語の con（共に）と sequi（従う）に、現在分詞語尾 -entia がついてできた、「consequentia（あとに従って起こるもの）」が語源です。つまり、昨日で言えば、原因 A の「あとに続いて起こる」別の出来事、状態 B のことを、consequence と言います。

今日の「consequence」は、より直接的な結果、連鎖的に起きた結末に注目している、という点がポイント。原因と結果の「つながり」「関連」を意識させます。そして、そのような「つながり」を強調する語であるため、訳し方によっては「影響」と訳されることがあるわけです。

とはいえ、今週のスタート・ボキャ「effect」のように、「原因」そのものを強く意識させるほどではありません。昨日の図に今日ボキャの「consequence」を足すとすると、次のようになります。

A)))))))　　← effect, influence
A=====＞B !　　← impact
・・=====＞B　　← consequence

一方、結果のみを切り離して、あくまで「結末、結論」として独立的に表すのが、皆さんよくご存知の「result」になります。result は、その原因になったことや、原因とのつながりは特に意識しません。

　ちなみに、result は「結果」という意味のもっとも一般的な語で、consequence も「結果」という切り口から見れば、比較的使用頻度の高い語ではありますが、「悪い結果、望ましくない結果」に使われることが多いようです。

《《今日の例文》》

Her sarcastic speech will no doubt have a bad consequence.
彼女のイヤミたっぷりな演説は、間違いなく良くない結果をもたらすだろう。

The boy has bullied his classmates for years and now has to face the consequences.
その少年は何年もの間クラスメートをいじめてきたが、今になってその報いを受けることになった。

《《今日の単語、おかわり！》》

- *** **sarcastic** [sɑːrkǽstik] 　　いやみな、皮肉のこもった
- *** **bully** [búli] 　　いじめる
- *** **face** [feis] 　　直面する

〈今週の単語　effect／influence／impact／consequence／repercussion〉

今週のスタートは"effect"

《今日の単語》

☞ repercussion

「尾を引く悪影響、余波」 [riːpərkʌ́ʃən]

さてさて、今週最後の「影響」を意味するボキャ、それは「repercussion」です。昨日までの一連のボキャに比べ、あまりなじみのない単語ではないでしょうか。

まずは、Longman の定義を見てみましょう。

"repercussions[plural]: the results of an action or event, especially a bad one, that continue to have an effect for some time, in complicated and unexpected ways（通常複数形で：ある行為や出来事、特に、良くない行為・出来事の結果で、複雑で予期しない形で一定期間影響を及ぼすもの)"

な、長いッ (V) ◎ ¥ ◎ ;(V) しかも、難しいッ (V); ◎ ¥ ◎ ;(V)

こうなると、当然日常会話で使われる頻度は少なくなり、新聞やニュース、しかも社会面や政治・経済面などでお目にかかることになります。

当然のことですが、単語の意味が一般的であれば使用頻度も高いですが、逆に、今日ボキャの repercussion のように、意味が限定的になってくればなってくるほど、頻度は減り、使われる場面は限られてきます。

そして、もちろんこのような限定的な語彙を知っているのは、それはそれでプラスになりますが、限定的な語は、より一般的な意味の語（今週で言うなら effect や influence）に修飾語句を加えることで、代用することができます。

それで、語彙を増やそうと思う際には、まず基本の語、一般的な意味の語を2、3確実に押さえてから、それぞれに結びつけるような方法で、より限定的な語へと発展させましょう。

名づけて、「ネズミ講式ボキャビル法」！

あんまりイイ名前じゃないかな……(-_-;)

《今日の例文》

Our nation is suffering the repercussions of the economic slump.
我が国は不況の長引く影響にあえいでいる。

The repercussions of the falling birthrate is now becoming a real threat to our future.
少子化がもたらす長期的な影響は今や我々の行く末に脅威になりつつある。

《今日の単語、おかわり！》

*** suffer [sʌ́fər]	～にあえぐ、(不快なことを) 経験する
** economic [iːkənámik]	経済の
*** slump [slʌmp]	不況、衰退
** birthrate [bə́ːrθreìt]	出生率
*** threat [θret]	脅威、脅かすもの

〈今週の単語 effect／influence／impact／consequence／repercussion〉 **295**

今週のスタートは "effect"

[今週の単語 builder]

今週のボキャの中から、最も適切な語を空欄に入れましょう。

① The war had a serious (　) on the market.
その戦争は、市場に深刻な影響を与えた。

② This disease is a (　) of the use of pesticides.
この疾患は、農薬の使用によるひとつの影響である。

③ He has a strong (　) over the political community.
彼は政界に大きな影響力を持っている。

④ This land still suffers the (　) of deforestation.
この土地はいまだに森林伐採の悪影響に苦しんでいる。

⑤ Our economy will not be able to avoid the (　) of the increase in tax.
わが国の経済は増税の影響を免れないだろう。

※ 解答は 308 ページ

[先週の単語 builder 解答]

① fascinating
② marvelous
③ funny または hilarious
④ fun
⑤ hilarious

第24週

whole とその仲間たち

《《今週の単語》》

whole
all
entire
throughout
gross

今週は、「全体、全部」の使い分けをマスターしちゃいましょう！

今週の
スタートは
"whole"

《《今日の単語》》

☞ **whole**

「すべての、全体の」[houl]

　スタートの今日ボキャは、「whole」です。
　そこそこポピュラーな語なので、ある程度英語学習されている方ですと、皆さんご存知なのではないでしょうか。それでは、その意味するところとは……？

"all of something; ENTIRE（あるもののすべて。entire と同義）"

　あっけな〜い (´ Д ` ;)
　……と思ってしまいました。正直。でも、意味はそのまま。ある物や事のすべてを指して「whole」と言います。
　そして、同じ定義内で、次のような意味も付け加えられています。

"complete and not divided or broken into parts（完全で、各部に分割されていたりバラバラになっていない）"

　↑これはナルホド、whole の特徴、ニュアンスを良く表しています。whole は、全体の、すべての、という意味のなかでも、「欠けた部分のない」というニュアンスです。

《《今日の例文》》

Kate ate the whole cake!
ケイトがケーキ全部(=残さずすべて)食べちゃった!

Did you watch the whole program?
番組全部(初めから終わりまで、もれなく)見た?

Take a good, careful look at the whole process; don't miss anything!
すべての過程をもれなくよく見るんだ。何一つ見逃すんじゃないぞ。

《《今日の単語、おかわり!》》

- *** **program** [próugræm]　　テレビ番組
- *** **process** [práses]　　過程、プロセス
- *** **miss** [mis]　　逃す、見過ごす

今週のスタートは "whole"

《今日の単語》

☞ **all**

「全部の」[ɔːl]

……さて、今日ボキャの「all」。

「なんだようっ、いまさら、こんな簡単な単語」と思ったあなた。

ノンノンノン、チッチッチッ。d(v.v)

昨日の whole と、今日の all、なにがどう違うか、どう使い分けるか、わかりますか？　同じようで、実は結構違うのがこの２つ。

"the complete amount or quantity of; the whole of（完全な数または量のそろった、すべての）"

意味としては「whole」と同じじゃん？　と思いますよね。どちらも基本的には「すべて」という意味でわかりやすいですが、用法や限られたニュアンスにおいて、いくつかの注意点があります。

◆まず、語順。whole は the や my などの限定詞の後に来ますが、all は前に来ます。

例) all the students ⟷ the whole students

◆また、上の例がいい例ですが、名詞の複数形に対して使う場合は、「whole」は「全部、全体」という意味で、対象すべてをまとめて指すのに対し、「all」は「every」と似たような意味、つまり、「各○○すべて」と、全体の中の各個に注目します。

例) all the students　生徒一人一人すべて
　　the whole students　全生徒

◆さらに、whole は「質量名詞」（money、time、water など）に

は使えませんが、all は使うことができます。
- ○ all the money　× the whole money
- ○ all the beer　× the whole beer
- ○ all the water　× the whole water

※ただし、この whole も、the whole of という形にすると、all と同じように使うことができます（all の定義にあるとおりです）。

(参考: "Practical English Usage" by Michael Swan)

あぅ〜。お勉強チックになってきましたね (´ д ` ;) でも、たまにはいいですよね。

これらの注意点を考慮に入れると、あくまで可算名詞の単数形（school や cake など）に対して使う場合は（語順は違ってきますが）意味としては all も whole もほとんど同じ、ということになりますね。

こうしたビミョウだけど明らかな違いというのは、ここでアタマに叩き込んだところで、明日から使い分けられるようにはナリマセン。

でも、この点に注意しつつ、たくさんの用例や実際に使われているもの（spoken、written 問わず）に触れていくことで、自分の神経回路に刻み込まれていきます。

地道にいきましょう！

〈今週の単語　whole ／ all ／ entire ／ throughout ／ gross〉

今週の
スタートは
"whole"

《今日の単語》

☞ **entire**

「まるまる、丸ごと」[entáiər]

今日ボキャの entire は、whole や all に比べると、目にすることがいくらか少ないボキャかもしれません。

"[only before noun] the entire group, amount, period of time etc is used when you want to emphasize what you are saying（[名詞の前でのみ使用可] グループ、数量、一定の区切りの時間等を丸ごと（entire）、というのは、言っている内容を強調したいときに使われる)"

なんじゃぁ～、それ？？？(´ д ` ;)
と思いました？
私も、「全体は全体でも、欠けたところも余分なところもないという意味の……」というような解説を予想していたのですが。
でもたしかに、そうなんです。Longman の定義どおり。たしかに、意味としては「すべて、全体」という意味ではありますが、『位置づけ』のようなものが、純粋に意味を訴えるというよりは、「まるまる」とか「丸ごと」「ひっくるめて」「ぜーんぶ」のように、強調する役割で使われています。
ですので、正確な意味で、本当に、もれなく「すべて」なのかどうかというよりも、「それだけの影響、意義、驚き etc だ」というための、インパクトを与える語と考えることができます。

302

《今日の例文》

I spent the entire day in my office.
まる1日オフィスにいた。

I read the entire book in one day!
この本全部、1日で読んだわ！

The supposedly silent volcano suddenly erupted, forcing the Island's entire population to evacuate.
休火山と思われていた火山が突如噴火し、全島民は避難せざるを得なくなった。

《今日の単語、おかわり！》

- ** **supposedly** [səpóuzidli]　想定では、〜と言われている
- ** **silent volcano**　休火山
- ** **erupt** [irʌ́pt]　噴火する、噴出する
- *** **population** [pɑ̀pjəléiʃən]　人口、住民
- ** **evacuate** [ivǽkjuèit]　避難する

〈今週の単語　whole ／ all ／ entire ／ throughout ／ gross〉

今週のスタートは "whole"

《今日の単語》

☞ throughout
「全体に、隅々まで」[θru(:)áut]

"n every part of a particular area, place etc.（特定のエリア、場所のあらゆる部分に）"

all や whole が、基本的には「集合の全体」または「各部の集まりである全体」を指していたのに対し、この「throughout」は、あくまで「全体の中の各部」に目を向けている語です。ここが大きな違いです。
「every part of」とは、直訳すれば「〜のあらゆる部分」ですが、「あらゆる部分」という表現では漠然としすぎ、throughout のもつニュアンスにしっくりきません。ここは、「〜のすみからすみまで」ととらえてみてください。
　そもそも、throughout という語が、「through（通って、抜けて）」と「out（外へ）」でできていますので、合わせて考えると、「外へ抜けて」、つまり、入り口から入って中を通り、出口から外へ抜ける、そんなニュアンスです。
　この基本の意味から発展して、この語の第二義は次のようになっています。

"during all of a particular period, from the beginning to the end（特定の期間のすべてにわたって、始まりから終わりまで）"

　まさに、「入り口から入って出口へ抜ける」ですね。
　空間、時間のいずれにしても、throughout にはどちらかという

と「平面的」な「行き渡る」雰囲気がありますが、whole はより立体的、三次元的に「全体」という感じです。all はこのどちらもカバーできる語で、entire はこれらを字義的ではなく強調として表現する語、といった具合でしょう。

《《今日の例文》》

He's well known throughout the world.
彼は世界中に［あらゆる国々（世界の parts）に］よく知られている。

A pleasant breeze blew throughout the yard.
気持ちの良いそよ風が、庭に行き渡るように吹いた。

Despite the pressure, she remained calm throughout.
圧力があったにもかかわらず、彼女は終始冷静さを保った。

《《今日の単語、おかわり！》》

- *** **pleasant** [plézənt] 　　心地よい
- ** **breeze** [briːz] 　　そよ風
- *** **despite ~** [dispáit] 　　~にもかかわらず
- *** **remain** [riméin] 　　（ある状態に）とどまる

今週の
スタートは
"whole"

《今日の単語》

☞ gross
「トータルの、総計の」[grous]

さて、週最後のボキャは「gross」です。こちらは、昨日までのボキャとは少し趣が変わって、より物理的な「すべて」という意味になります。

"a gross amount of money is the total amount before any tax or costs have been taken away（金額の総計 [gross amount] とは、税金や費用が差し引かれる前の合計額のことをいう)"

"a gross weight is the total weight of something, including its wrapping（総重量 [gross weight] とは、包装を含んだあるものの合計重量のことをいう)"

上記の2つの定義は、Longman の第一義と第二義ですが、対象が別であるというほかは同じ意味ですので、両方記載しました。
gross とは、日本語の「総」に当たる語で、上記の定義どおり、「純（net）」を導き出す前の段階の、トータルものを言うときに使われます。Gross National Product（GNP：国民総生産）なんかもその例ですね。
他にも、
gross profit（総利益）←→ net profit（純利益）
gross amount（総量、総額）←→ net amount（正味量、正味金額）
gross asset（総資産）←→ net asset（純資産）

といった具合。

ですので、非常に限定的な場面・用例で使われ、whole や all のように、日常のさまざまなことに使われるわけではありません。反対に、会計、経済、産業などの分野では頻繁に登場します。そういう意味では、ややテクニカルな語彙とも言えなくもないかもしれませんね。

《《今日の例文》》

Comparing the gross average yearly earnings, we can see there's an enormous difference between these 2 groups.
平均総年収を比較すると、これらの2つのグループの間には大きな隔たりがあることがわかる。

《《今日の単語、おかわり！》》

- *** **compare** [kəmpéər]　　比較する
- *** **yearly** [jíərli]　　一年の
- *** **earning** [ə́ːrniŋ]　　収入
- *** **enormous** [inɔ́ːrməs]　莫大な、非常に大きい

〈今週の単語　whole ／ all ／ entire ／ throughout ／ gross〉

今週のスタートは "whole"

[今週の単語 builder]

今週のボキャの中から、最も適切な語を空欄に入れましょう。

① (　) the students gathered in front of the school.
全生徒が学校前に集合した。

② The singer is famous (　) the world.
その歌手は、世界中で名前が知られている。

③ Tom read the (　) book in just an hour.
トムは本全体をたった一時間で読んでしまった。

④ The accident involved the (　) city.
その事故は、街全体を巻き込んだ。

⑤ Tell me the (　) amount.
総額を教えてください。

※ 解答は 320 ページ

[先週の単語 builder 解答]

① effect または impact 　　② consequence
③ influence　　　　　　　　④ repercussion
⑤ effect または impact

第25週

train とその仲間たち

《今週の単語》

train
practice
drill
work at
exercise

今週は「訓練・練習」シリーズでいきます！

《今日の単語》

☞ train

「鍛える」[trein]

スタート・ボキャの「train」。

"to prepare for a sporting event or tell someone how to prepare for it, especially by exercising（特に肉体面での練習をすることで、スポーツ行事に向けて準備をすること、あるいは準備の仕方を誰かに教えること）"

　prepare という単語が解説に使われているとは、私も自分で調べてみて初めて知りました（というか、予測外の単語でした）。肉体的な練習が主な方法とはいえ、スポーツイベントを目標として、それに向かって「準備する」という捉え方は、なかなか新鮮です。
　しかし確かに、「train」には「目標」という影があります。あることに向かって練習を重ねること、それが train です。
　用法ですが、この train は動詞ですので、「訓練、鍛錬」という名詞にしたい場合は、「training」とします。
　動詞「訓練する、練習する」として使う場合は、自動詞、他動詞のどちらとしても使えます。先生が生徒をトレーニングする、という場合は他動詞、自分が先生とトレーニングする、という場合は自動詞、という具合に。
　train はもちろん動物の「しつけ」「訓練」という意味でも使われます。
train a dog　犬をしつける

train a horse　馬を調教する
……といった具合。さすがに train a cat はあまり聞きませんね。猫はマイペースですから。

《《今日の例文》》

I've been training with Mr. Ikeda for the coming marathon race.
目前のマラソンレースに向けて、これまでずっと池田先生とトレーニングを重ねてきた。【自動詞】

James trained his pupils intensively during summer.
ジェームスは、夏の間、教え子たちを猛特訓した。【他動詞】

《《今日の単語、おかわり！》》

*** **coming** [kʌ́miŋ]　　　来たるべき

** **pupil** [pjúːpəl]　　　教え子

** **intensively** [inténsivli]　集中的に

〈今週の単語　train ／ practice ／ drill ／ work at ／ exercise〉

今週の
スタートは
"train"

《今日の単語》

☞ **practice**

「練習する」 [præktis]

「目標に向かって練習する、準備する」という意味のtrainにつづき、今日は practice です。

"to do an activity regularly in order to improve your skill or to prepare for a test（スキルを向上させるため、あるいは試験に備えるために、ある活動を定期的に行うこと）"

「スキル向上」や「試験」という目的、目標があるという点は、昨日の train と同じですね。違う点は、「ある活動を定期的に行う」という、定期性のニュアンス。

train が不定期だということではなく、定期・不定期にかかわらず、一定の目標に向けて備えるのが train だったのに対し、practice には「特定の活動」を「定期的に、何度も」行う、という具体的な色がついたという感じ。日本語の「稽古する」に似ているかもしれません。

また、用法面でも、「ピアノを練習する」「水泳を練習する」「英会話を練習する」というふうに、練習する対象（目的語）がある場合は、train ではなく practice を使います。

practice (playing) the piano
practice swimming
practice (speaking) English

という具合。

そして、practice は同形で名詞もあります。→ practice【練習、

稽古】

　ちなみに、動詞の practice のつづりですが、ここで書いているつづり「practice」はアメリカ英語のつづりで、イギリス英語では最後の c を s にして、「practise」とつづります。名詞形については、どちらも「practice」とつづります。

《《今日の例文》》

Emi practiced the piano so hard she got windpuffs.
エミはピアノを練習しすぎて腱鞘炎になった。

To master English, you need plenty of practice.
英語をマスターするには、イヤってほど練習が必要だ。

I practice tennis 2 times a week.
私は週 2 回テニスの練習をしている。

《《今日の単語、おかわり！》》

　　* **windpuffs** 　　　　腱鞘炎
　** master [mǽstər]　マスターする、習得する
*** plenty of ～　　　膨大な量の～

〈今週の単語　train ／ practice ／ drill ／ work at ／ exercise〉

今週の
スタートは
"train"

《今日の単語》

☞ drill
「反復練習させる」[dril]

「漢字ドリル」「算数ドリル」……懐かしいですねぇ。ですが、そもそも drill とはなんぞや？ train や practice ほど頻繁には聞かない単語だけに、しっかり確認しておきましょう。

"[T] to teach someone by making them repeat something many times（[他動詞] あることをたくさん繰り返させることによって、教えること）"

ほほ〜ぅ、この drill、「練習」の意味の動詞だと、「他動詞」オンリーなわけですな。こうなると、「練習」よりも「教える」の類語になってきますね（笑）。

ですが、この drill も先日の practice と同じで、同形の名詞があります。そちらのほうはというと、

"a way of learning something by repeating it many times（たくさん繰り返すことによって、あることを学ぶ方法）"

こちらは、「学ぶ」側の単語ですね。いずれの場合でも、「繰り返し」で教える、学ぶ、という点が強調されるのが特徴。

もとはオランダ語の drillen が語源だそうで、「穴を開ける」がその意味。厚い壁や岩に穴を開けるために繰り返し掘ったり打ったりするように、あることを学ぶために繰り返し「打ち込む」という感じでしょうか。

用法ですが、動詞の drill については、
【用法1】drill　人　in　学習対象
【用法2】drill　学習対象　into　人
のように使います。
　drill で in/into とくると、まさに「穴を開け（て埋め込む）」という感じがしますね（笑）。

《今日の例文》

The teacher drilled his students in English pronunciation.
その教師は、生徒に英語の発音を繰り返し練習させた。【用法1】

The minister drilled the church doctrine into the crowd.
司教は群衆に教会の教えを繰り返し教え込んだ。【用法2】

《今日の単語、おかわり！》

- *** pronunciation** [prənÀnsiéiʃən]　発音
- ** minister** [mínistər]　司教、司祭
- * doctrine** [dáktrin]　教理、信条
- ** crowd** [kraud]　群衆

〈今週の単語　train / practice / drill / work at / exercise〉

今週の
スタートは
"train"

《今日の単語》

☞ work at

「一生懸命取り組む」

"to do an activity which needs time and effort, especially one that you want to do or that needs to be done（特に、自分がしたいこと、あるいはやらなければならないことで、かつ時間と努力のいる活動をすること）"

昨日までの「練習」「準備」というニュアンスからは少し離れますが、同じような感覚でよく使われる言葉です。「一生懸命取り組む、打ち込む、がんばってみる」という意味合いの言葉。

たとえば、英文法が良くわからないので「一生懸命取り組む」という場合。

I'm working at English grammer.（今、英文法に力を入れている）

というふうに言えます。practice や train のような、いつ、どこで、だれと、という具体的な話ではなく、全体的な状態、傾向、姿勢として、「取り組んでいる」ということ。

Now I practice English pronunciation.（今、英語の発音練習をしています）

というと「どこで？　会話学校で？　仕事が終わってから？　それとも休日？」というような反応を誘いますが、

Now I'm working at English pronunciation.（今、英語の発音〈をよくすること〉に力を入れています）

といえば、「そうなんだ〜。じき成果が現れるよ、がんばれ！」のような反応が返ってくるはず。

決まった練習やトレーニング場所などはないけれど、改善すべ

く、あるいは大好きなことなので、「一生懸命取り組んでいる」ということについて話すときには、非常に重宝する表現です。

《《今日の例文》》

Jane, you need to work more at spelling and composition.
ジェーン、文字のつづりと作文をもっとしっかり練習しないとダメよ。

As my sons are entering their teens, we are really working at having better communication with all our family.
息子たちが十代にさしかかっているので、よりよいコミュニケーションができるよう、家族ぐるみで取り組んでいる。

《《今日の単語、おかわり！》》

- *** **spelling** [spéliŋ] （文字の）つづり
- ** **composition** [kàmpəzíʃən] 作文
- *** **enter** [éntər] 入る
- *** **teens** [ti:nz] 十代

〈今週の単語　train ／ practice ／ drill ／ work at ／ exercise〉

今週は
スタートは
"train"

《今日の単語》

☞ exercise

「運動させる、働かせる」 [éksərsaiz]

　exercise も、practice 同様、動詞と名詞があります。興味深いのは、exercise は、動詞も名詞もまず「健康のために運動する、体を動かして鍛える」というような肉体的な「運動」が第一義に上がっているということ。

【動詞】"to walk, do sports etc in order to stay healthy and become stronger（健康を保ち、心身をより強くするために、歩いたりスポーツをしたりすること）"
【名詞】"physical activities that you do in order to stay healthy and become stronger（健康を保ち、心身をより強くするためにする、身体的な活動）"

　そして、【動詞】と【名詞】の exercise の第二義は、どちらも「体操」という意味ですから、exercise と言った場合にまず浮かぶのが「体を使った運動、練習」ということになります。
　しかしながら、名詞の exercise に限っては、第三義、第四義に別の意味の「練習」が来ています。

"(usually plural)an activity or process that helps you practise a particular skill such as playing a musical instrument or singing（通常複数形で：楽器の演奏や歌など、特定のスキルを練習するうえで役立つ活動や手法）"

同義語で先に扱った、practise が出てきましたね。しかも、それに「役立つ」のがこの exercise、という位置づけが非常に明快でわかりやすいです。

つまり、全体的な練習（practice）の一部として行う、より具体的で細かい「ピース」にあたるのが「exercise」というわけです。それぞれの exercise をいくつもこなして practice する、という感じですね。第四義に来ている「（学科などの）練習問題」というのも、同じような捉え方です。

体を使った（健康のための）運動、体操、そして特定スキルの練習の一貫として行う「お稽古」。大きなくくりの「練習」の、一番小さなピースを指す言葉、といえそうです。

《《今日の例文》》

Let's move on to the next exercise.
次の練習問題に移りましょう。

Try to get exercise whenever you can.
できるときになるべく運動するようにしなさい。

今週のスタートは "train"

[今週の単語 builder]

今週のボキャの中から、最も適切な語を空欄に入れましょう。

① Mr. James (　) his students (　) English spelling.
ジェームズ先生は、生徒に英語のつづりを繰り返し練習させた。

② My brother (　)(　) a professional athlete.
弟は、プロの選手のトレーニングを受けている。

③ Do this (　) twice a day.
この運動を1日2回行ってください。

④ I (　) judo in my neighborhood on Sundays.
私は毎週日曜に近所で柔道を練習している。

⑤ I think you need to (　) more (　) grammar.
もっと文法に力を入れたほうがいいんじゃない。

※ 解答は 334 ページ

[先週の単語 builder 解答]

① all
② throughout
③ whole または entire
④ whole または entire
⑤ gross

独学で英語をモノにするために

単語を増やす芋づるメソッド 2

　前回の例でもわかるように、基本動詞に加えて「接頭語」（基本の動詞の前について意味を補う語）や「接尾語」（基本の動詞の後ろについて意味を補う語）を少しずつ覚えていくことで、それをヒントにしてより正確に意味を理解し、覚えることができるわけです。これが、「芋づるメソッド」の 2) と 3)。

　接頭語とか接続語って、一見難しそうですが、これをいくつかでも覚えてしまえば、こんな強力な助っ人はいません。

　たとえば「-al」が性質を意味する、ということを知っておけば、

sensual　verbal　casual　natural

などの語も、意味を想像して理解することができるはずです。すなわち、

sensual ＝ sense（語源：感じる）＋-al ＝肉体的感覚の
verbal ＝ verb（語源：単語の）＋-al ＝言葉の上の、口頭の
casual ＝ case（語源：出来事）＋-al ＝偶然の、思いがけない
natural ＝ nature（語源：生まれた）＋-al ＝生まれながらの、自然の

というように。

最後に、1) の基本動詞を押さえる、ですが、「view」の例で言うと、「vis」が「見る」という意味の動詞である、という部分。何も語源の細かい部分（ラテン語 videre の変形が visere になる、とか）は覚えなくて良くて、そのエッセンスの部分（「vis ＝見る」のところだけ）を覚えてください。

それから、view そのものがさらに変化する場合も、「view」を基本動詞として覚えておけば OK です。たとえば、
re（「再び」接頭語）＋view（見る）＝review（振り返る、見直す）
とか、
pre（「前に」接頭語）＋view＝preview（前もって見る、プレビューする）
とか。

ここに出てきた単語はどれも簡単なものですから、あえてこうしなくても覚えてしまっている方は多いと思いますが、これから出会う単語たちとこれまで出会った単語たちを、ぜひこうした方法で「review」してみてください（笑）。

ばらばらで覚えにくい……と思っていたあの単語とこの単語も、「芋づる」でつながっていることがわかるはず。単語と単語のつながりを見つけることができれば、膨大な words & phrases も、一網打尽？！にできるというものです。

第26週

scenery とその仲間たち

《今週の単語》

scenery
view
outlook
landscape
panorama

「景色」ですが、たしかにいろいろあります。
view scenery scene outlook landscape panorama ……などなど。視点やニュアンスがそれぞれ違いますので、今週はこれらのボキャを追ってみたいと思います！

今週のスタートは "scenery"

《《今日の単語》》

☞ scenery

「景色」 [síːnəri]

さっそく「scenery」です。Longman では、

"the natural features of a particular part of a country, such as mountains, forests, deserts, etc.（国土の特定の場所の、山や森、砂漠といった、自然の特徴)"

と定義しています。

ですので、景色は景色でも、「scenery」が使えるのは、厳密には自然界の特徴を指す場合のみです。もし仮にその中に人工の建物が入っていても、基本的にはその人が注目しているのは自然界の景色、ということになります。

一方、語源が同じ「scene」のほうは、一般的な「景色」「場面」として使われます。ですので、「窓から見た風景」が、田園や川なら「the scenery from the window」が適当となり、住宅や建造物が建ち並んでいるようなら「the scene from the window」となるわけですね。ううむ、ちょっとややこしい……。

《《今日の例文》》

What impressed me most was the scenery of the country.
とっても感動したのが、その国の景色だった。

As a boy, I used to walk along the irrigation channel and enjoy the scenery.
少年の頃は、よくその用水路沿いを歩いて景色を楽しんだものだ。

《《今日の単語、おかわり！》》

*** **impress** [imprés]　　感動させる
* **irrigation channel**　用水路

〈今週の単語　scenery ／ view ／ outlook ／ landscape ／ panorama〉

今週の
スタートは
"scenery"

《今日の単語》

☞ **view**

「眺め」[vju:]

"the whole area, especially a beautiful place, that you can see from somewhere（あるところから見える地域全体、特に美しい場所）"

今日の「view」の定義はこうです。
昨日の「scenery」とどう違うか？　というと、

1. 地域全体、なので、自然物に限らない
2. ある地点から見える、という、視点が意識にある

の、主に2つの点。
でも、「view」のニュアンスの特徴をもっとも伝えるのは、2.のほうですね。「view」の「vi-」はラテン語で「目」という意味で、直接の語源は同じくラテン語の「videre（見る）」からきています。
それで、客観的に「景色」というよりも、見る人、見る場所、視点、などに注目した「眺め」という感じになるわけです。誰が見ているのか、どこから見ているのか、というところに気持ちが行く。うーん、微妙。
たまに、「the view of the scenery」のような使い方をされることがありますが、これなんかは互いの位置づけが良くわかります。あくまで現物？としての「scenery」が、人の目にどう映るか、というのが「view」。

また、「view from (場所)」という使い方で出てくることも結構多い。

view from the train window　車窓からの眺め
view from the top of the mountain　山の頂上から見た景色
view from the sky　空から見た景色
view from where I am　今いるところから見える風景

……など。もちろん、用法は「＋from」に限りませんが。
それから、他によく使われる言い方として、

spoil the view　景観を損なう

がありますが、環境によくない、というよりも、眺めとして悪くなる、ということですね。

The littered garbages spoiled the view.　散乱したゴミが景観を損なっていた。

という具合。spoiled the scenery も、もちろん「景色が損なわれた」ということになりますが、view は「目」に注意がいっているので、目→心＝気分が害された、というニュアンスが伝わるわけです。

〈今週の単語　scenery／view／outlook／landscape／panorama〉

今週のスタートは "scenery"

《今日の単語》

☞ outlook

「展望」 [áutlùk]

さぁて、今日のボキャは！ ←サザエさんの次回予告のノリで

"a view from a particular place（特定の場所からの眺め）"

……っと、シンプルですねぇ〜。

昨日の「view」は、「目」を意識させる言葉でしたが、今日の「outlook」は、目ではなく（眺めている）起点となる「場所」に注意がいっています。「どこからの」眺めか、というのが、ニュアンスとして大きく出るわけですね。

view from the window　窓からの眺め
outlook from the window　その窓から見える景色

↑日本語でも微妙？ですが、「outlook」は「look out」という動詞が名詞になったとバラして考えると、少しわかりやすいでしょう。
「look」は「見る」、「out」は「外を」。で、どこから外を見るの？　ということで、「out of the window」とか、「out from the mountain top」というように、「どこから」という説明が必要になってくるわけです。
ですので、「outlook」は、ニュアンスとして、景色は景色でも、この窓から見ると……といった感じ。今日までの３つの中で、一

番限定的なニュアンスを持つ語といえるでしょう。
　とはいえ、意味としては昨日の「view」と大変似ていますので、ほぼ全般的に差し替え可能な語だと考えて大丈夫です。

《《今日の例文》》

Whenever I want to revive my spirit, I visit Tokyo Tower. The outlook from the top is very refreshing.
元気になりたいときは、いつも東京タワーに行くんだ。てっぺんからの眺めはとても爽快だよ。

If you are looking for a summer cottage, we recommend this one; it has a magnificent outlook over the lake.
避暑用の別荘をお探しでしたら、こちらをお勧めします。この物件からは、湖の雄大な景色が見晴らせるんです。

《《今日の単語、おかわり！》》

** **revive** [riváiv]	回復させる、元気にさせる
*** **spirit** [spírət]	精神、心
*** **refreshing** [rifréʃiŋ]	心身を爽快にする、元気の出る
** **a summer cottage**	避暑用の別荘
*** **recommend** [rèkəménd]	勧める
*** **magnificent** [mægnífəsnt]	雄大な、壮麗な

〈今週の単語　scenery ／ view ／ outlook ／ landscape ／ panorama〉

今週の
スタートは
"scenery"

《今日の単語》

👉 landscape

「風景」 [lǽndskèip]

「landscape」の定義を。

"an area of countryside or land, considered in terms of how attractive it is to look at（田舎や土地の一部エリアで、見る目が惹きつけられるというニュアンスで言うときの言い方）"

　景色は景色でも、「ステキねぇ〜」「素晴らしい！」という賞賛や感想付きで言及する場合に、scenery ではなく「landscape」を使う、ということです。
　この語には「風景画」という意味もありますので、描写的で、芸術よりの言葉、と思っておくと良いでしょう。
　scenery や view と違って、言葉自体に感動や魅力という「色合い」がついていますので、それだけで表現を豊かにしてくれるというありがた〜い単語です。
　旅行の感想なんかを話すときには、ぜひ一度使ってみましょう！

330

《《今日の例文》》

Visit Kyoto in autumn. You'll be astonished by the beauty of the landscape.
秋に京都を訪れてごらん。あたりの風景の美しさに驚くから。

I wish to see the beautiful landscapes of Northern Europe myself.
北欧の美しい風景を一度この目で見てみたい。

《《今日の単語、おかわり！》》

- *** **be astonished by 〜**　　〜に驚嘆する
- *** **myself** [maìsélf]　　　　自分自身で

〈今週の単語　scenery／view／outlook／landscape／panorama〉

今週の
スタートは
"scenery"

《今日の単語》

☞ **panorama**

「雄大な展望」[pǽnərǽmə]

"an impressive view of a wide area of land（地上の広い範囲で、心に残るような眺め）"

「impressive」であることと、「wide area」であることがポイント。普段から日本語でも「パノラマ」とカタカナで使っていますので、比較的つかみやすい単語ではないでしょうか。「壮大なパノラマ」とか「画面いっぱいに広がるパノラマ」とか……。

landscape よりも一層印象深くて、なおかつ広い範囲を指す場合、たとえば連なる山々とか広大な森林、あるいは飛行機から見た地上の景色やどこまでも続く地平線……などは、こちらの「panorama」を使ったほうがニュアンスが出せるでしょう。

「landscape」同様、単語自体にすでに「感動」や「素晴らしさ」というニュアンスが与えられていますので、情景を描写的に言い表したいときにはもってこいのボキャです。

《今日の例文》

I cannot forget the astonishing panorama from the top of Mt. Fuji.
富士山の頂上からの絶景が忘れられない。

The panorama from up in the sky was really stunning.
高い空から見下ろした景色はびっくり仰天だった。

《今日の単語、おかわり！》

- *** astonishing [əstániʃiŋ]　驚くべき、驚嘆させる
- *** stunning [stániŋ]　　　　度肝を抜く、第一級の

〈今週の単語　scenery／view／outlook／landscape／panorama〉

今週のスタートは "scenery"

[今週の単語 builder]

今週のボキャの中から、最も適切な語を空欄に入れましょう。

① I like the ( ) from my living room window.
リビングルームの窓からの眺めが好きだ。

② I cannot forget the astonishing ( ) from the top of Mt. Fuji.
富士山の頂上からの絶景が忘れられない。

③ The ( ) in the heart of the mountain was fantastic.
山奥の景色は幻想的だった。

④ I wish to see the beautiful ( ) of Northern Europe myself.
北欧の美しい風景を一度この目で見てみたい。

⑤ Our house has a wonderful ( ) of the sea.
我が家からはすばらしい海の景色が見わたせる。

※ 解答は 346 ページ

[先週の単語 builder 解答]

① drilled, in ② trains with
③ exercise   ④ practice
⑤ work, at

第27週

know とその仲間たち

《今週の単語》

know
find out
learn
come to know
discover

たとえば、とある事実や情報を、「得る」「知る」「見出す」「発見する」というとき、あなたはどんな単語を使っていますか？
ざっとあげるだけでも、see, find, learn, know, come to know, find out, get, come up with, discover など、いろいろな言い方がありますが、当然、どれも微妙な違いがあります。

今週の
スタートは
"know"

《今日の単語》

☞ know

「知る、知っている」[nou]

　今日の「know」は、「知る」という意味のもっとも基本的で代表的な語といえるでしょう。Longman の英英辞典でも、know だけで3ページ近くを割いて解説しているほどです。
　know 自体がとても幅広い語ですが、今回のテーマに沿う基本的な意味を引っ張り出してみると、次の2つになります。

　1) "[not in progressive] to have information about something ([進行形は不可] あることについての情報を持っていること)"
　2) "to realize, find out about, or understand something (ある事柄について気づくこと、発見すること、または理解すること)"

　ナルホド～！　とすっきりしますね。
　1) の場合は、「知っている」という、state verb (状態動詞) の役割をします。ですので、進行形 (「知っている最中です」「知っていようとするところです」) は使いません。
　一方、2) の場合は、find out や realize など、「わかる」という意味の他の動作動詞と一緒とされています。しかし…… Oxford の文法書では、この意味には know は使えず、get to know とすべき、とあります……(-_-;) どっちやねん。
　実際、いくら2) の意味でも、「I am knowing...」と言っているのを見聞きしたことはないですので、いずれの意味でも「know」は進行形にしない！　と覚えておくのが良いでしょう。
　……というわけで、「あることについての情報を持っている、

理解している」というのが「know」の基本的意味、と理解しましょう。

《《今日の例文》》

Do you know where the conference is being held?
会議がどこで開かれているか知ってる？→1）の意味

I know you are lying.
あなたが嘘ついてるのわかってるんだから。→2）の意味

I don't know the way to the job center.
職安への行き方を知らない。→1）の意味

She didn't know what she was actually doing at that time.
そのときは、彼女は自分が本当は何をしているのか、わからなかったのよ。→2）の意味

《《今日の単語、おかわり！》》

- ***conference [kánfərəns]　（専門的な）会議
- ***hold [hould]　（パーティや会などを）開く、開催する
- **job center　職安

〈今週の単語　know / find out / learn / come to know / discover〉

今週の
スタートは
"know"

《《今日の単語》》

☞ find out
「(特定の情報を) 知る、見出す」

今日の find out も、「見つける、知る、見出す」の代表的な語のひとつです。Longman の英英辞典では、

"To learn information, after trying to discover it or by chance (探そうと努力した結果、あるいは偶然によって、情報を得ること)"

というシンプルな定義がなされています。
一方、find 一語では、どうなるのでしょうか。同じ Longman の辞書では、かなり細かく定義がされていますが、簡単にまとめると、次のようになっています。

"To discover or learn something by searching, by study, or by chance (調べたり、研究したり、あるいは偶然によって、何かを見出す、あるいは学ぶこと)"

両者の違いがわかるでしょうか。それは、見出したものが「information (情報)」であるか、「something (何か)」であるか、の違いです。
「何か」というのは、実に幅広いです。何でもありです。何でもいいのです。ですが、「情報」となると、そこにもっと具体性が生まれます。また、表面的ではなく、ある程度の「深さ」も感じませんか。

ですので、より具体的な情報や事実を「見出す」「知る」「発見する」という場合は、find out を使うのがもっともふさわしいでしょう。

とはいえ、something というからには、当然 information も something に含まれるわけで、find ＞ find out という式が成り立ちます。

つまり、より具体的な情報を「見つける、知る」という場合は、find out の代わりに find 一語を使うこともできるのですが、その逆で、find というところすべてで find out が当てはまるか、というと、そうではないということになります。

「I've found that he is a gay.」
「I've found out that he is a gay.」

この２つの文章は、一見同じような意味に思えるかもしれませんが、実はかなりのニュアンスの違いがあります。

最初の文は、「彼がゲイだということを知った」で、単にある事実を知った、という意味です。偶然知ったのか、あるいは本人から聞いたのかは問題ではありません。

ですが、２番目の文は、「彼がゲイだということをつきとめた」という意味になってしまい、「彼」がもしかすると隠しているかもしれないような「深い」情報を、偶然であれ調査によってであれ、「つきとめた」「発見した」「暴いた」というような意味になります。

この言い方の違いで、聞く側の衝撃も、違ってきます（笑）。ですので、ただ「知った」という程度なら、「find」がふさわしく、find out は使わないほうがいいのです。ですが、「やっとつかんだぞ、この情報！」というのなら、「find out」が best で、かつ、この場合は find を代わりに使うこともできるわけです。

〈今週の単語　know ／ find out ／ learn ／ come to know ／ discover〉

今週の
スタートは
"know"

《今日の単語》

☞ learn

「(特定の情報を) 知る、得る」[ləːrn]

"<formal> to find out information, news etc by hearing it from someone else（<フォーマルな用法>ほかの人から聞いて、情報やニュース等を新たに知ること)"

　Longman の英英辞書の定義は上のようになっています。to find out とまず言っていますので、昨日の find out と基本的には同じような意味ということがわかりますね。
　それでも、<formal> と冒頭にありますので、これはやや形式ばった表現ということになります。ただ、ニュースやドキュメンタリー、新聞程度でもよく聞きますので、普段使ってはおかしいというほどフォーマルではないようです。
　また、by 以下で、find out するといっても、「他の人から聞いて」新たに知る、というような限定もしています。もちろん、新聞もTVも、広い意味では「他の人」ですので、あえて限定することもないのかもしれませんが……（笑）。
　用法ですが、
　learn of/about ～　は、「～について」知る、
　learn ～　と、直接、目的語を取る場合は「～を知る」、
　that 節が続く場合は、その that 節以降を知る、ということになりますね（that は省略可）。

340

《今日の例文》

**They were happy to learn of Cindy's marriage. =
They were happy to learn that Cindy got married.**
シンディーの結婚を聞いて、みんな喜んだ。

**"Where did you learn the news?"
"Of course, on TV!"**
「どこでそのニュース聞いたの？」
「もちろんテレビさ！」

《今日のお役立ち表現》

☞ **learn a lesson**　「教訓を得る、懲りる」

今日の意味「知る」ではなく、通常第一義である「学ぶ」のほうを使った表現です。「lesson」は、人生上の教訓とか貴重な経験といった意味で、「learn a lesson」で（人生の経験や出来事、物事などから）教訓を得る、となります。

"You don't seem to have learnt your lesson from the last time."
「この間のことでもまだ懲りていないようだね」

James learnt a lot of lessons from nature as he grew up.
ジェームズは、自然からたくさんのことを学びながら大きくなった。

〈今週の単語　know ／ find out ／ learn ／ come to know ／ discover〉

今週は
スタートは
"know"

《今日の単語》

☞ come to know

「徐々に知る、だんだんわかってくる」

「電話で会話を重ねるうち、彼の人柄がだんだん見えてきた」
　上の日本語を英文に訳すとしたら、あなただったらどんな文にしますか？
「だんだん」の部分を副詞「gradually」などで訳出しても、もちろんいいのですが、「come to know」という phrasal verb（句動詞）を使えばカンタンです。

「Through conversations over the phone, I came to know his character.」

　come to know は、「だんだん知るようになる、徐々にわかってくる」という意味で、2日目の「find out」や、昨日の「learn」と比べ、「段階的に、時間をかけて」知る、わかる、見出す、というニュアンスです。
「段階的に」というのは、「時間がかかる」という側面と、「情報が増える」という側面の、両方を含みます。つまり、ゆっくり情報を得る、という面と、初めは情報が少ないけれども、徐々に増えてくる、という面です。
　上記の英文を、たとえば昨日の「learn」を使って作り直すと、

「Through conversations over the phone, I learned his character.
（電話で会話を重ねることで、彼の人柄がわかった）」

342

どうでしょうか。
come to know の場合は、毎回の会話で、そのつど何か「彼の人柄」について情報を得ていた、というニュアンスですが、learn のほうはそのようなニュアンスはなく、会話を通じて、最終的に彼の人柄がわかった、という意味合いになります。

では一方、know 一語だとどうでしょう。
とても基本的な語なので、皆さんご存知かとは思いますが、know は「情報を持っている」というのが基本的な意味となっています。動詞には step verb（動作動詞）と state verb（状態動詞）があり、この know の基本の意味は、state verb になります。
ですが、know にはほかにも、「気づく、わかる」という、step verb 的な意味もあり、今週の「find out」の同義語というのは、こちらの意味の know になります。

「Through conversations over the phone, I knew his character.」

この場合は、learn とほとんど同じ意味です。ただ、learn だと、得られた情報をもとに「彼の人柄」を知った、という感じですが、know の場合は、より感覚的に「わかった」「つかめた」という感じになります。

〈今週の単語　know／find out／learn／come to know／discover〉

今週のスタートは"know"

《今日の単語》

☞ discover

「発見する、気づく」[diskʌ́vər]

　宇宙飛行士の向井さんが乗ったシャトルが、たしか「Discover号」だったと思います。discover は、「発見する」という訳が代表的ですが、言葉の構造を見ると、「取り除く」を意味する接頭語「dis」と、「覆い、カバー」を意味する「cover」でできています。つまり、「カバーを外す、覆いを取り除く」というのが基本的な意味。
　おなじみの Longman の英英辞典でも、第一義が、

"to find something that was hidden or that people did not know about before（隠されていたもの、あるいは人々が前は知らなかったことを見出すこと）"

と定義されています。
また、第二義として、

"to find out something yourself, without being told about it（人から教えてもらうことなく、自分自身で何かを見出すこと）"

　という意味もあります。
　こう見ると、何も学術的、科学的な「発見」だけが、discover ではないことがわかりますね。
　フォーマルな用語ではありませんが、口語では find で代用することも多いです。「以前は知られていなかった、隠れていた」と

いう点を強調したいなら、「偶然性」を含む find ではなく、より具体的な「discover」がいいと思います。

《《今日の例文》》

You know what, I've discovered a secret door in the basement of my house the other day!
聞いてよ！　こないだ、うちの地下室に、秘密のドアがあるのを見つけたの！

I discovered a mistake in the dictionary.
辞書に間違いがあるのを見つけた。

She easily discovered that her kid was lying.
彼女は、子供が嘘をついていることを、たやすく見破った。

It is not easy to discover the truth of an affair.
事の真相を見抜くのは、簡単なことではない。

《《今日の単語、おかわり！》》

*** **basement** [béismənt]　　地下室
*** **affair** [əfɛ́ər]　　　　　　事、出来事、事件

今週のスタートは "know"

[今週の単語 builder]

今週のボキャの中から、最も適切な語を空欄に入れましょう。

① Through continuous efforts, we ( ) the mechanism.
継続的な取り組みで、だんだんとそのメカニズムがわかってきた。

② We've ( ) each other for a long time.
私たちは長い知り合いだ。

③ How did you ( ) the truth?
どうやって真相を突き止めたの？

④ The harder we dig in, the more we ( ).
一生懸命勉強すればするほど、たくさんのことを学ぶ。

⑤ Nobody succeeded in ( ) a clue.
誰一人として手がかりを発見することはできなかった。

※ 解答は 358 ページ

[先週の単語 builder 解答]

① outlook   ② panorama
③ scene または scenery   ④ landscapes
⑤ view

第28週

luck
とその仲間たち

《《今週の単語》》

luck
fortune
fate
doom
destiny

「運」ひとつとってもさまざまな言い方があります。もともと「幸運」と良い意味で使われるもの、逆に「不運」を意味するもの……使い分けを間違うと、不幸を味わうのは自分かも？！　というわけで、今週は「運」シリーズです！

今週のスタートは"luck"

《今日の単語》

☞ luck
「運、幸運」[lʌk]

さて、今日ボキャの「luck」は、早速ですがどのような「運」を指しているのでしょう?

"[GOOD FORTUNE] something good that happens by chance ([幸運] 偶然に起きる良い事)
[CHANCE] the way in which good or bad things happen to people by chance ([偶然の機会] 偶然によって人に良い事や悪い事が起きるさま)"

luck は非常に使用頻度も高く、いろいろな場面で見聞きするため、ここはあえて第一義と第二義の両方を扱うことにしました。

まず、第一義の「幸運」という定義。ここから、もともと luck は、基本の意味として「幸」の意味を含んでいるということがわかります。

luck そのものが「幸運」「運のよさ」「ツキ」を意味する用法が多々あります。形容詞の「lucky」も、「幸運な」という意味ですよね。

とはいえ、良い・悪いのカラーがなく、単に「偶然に事が起こるさま」を意味する場合もあり、それが上記の Longman では第二義に挙げられています。

この意味で luck を使って「幸運」と言うためには、「良い (good)」「悪い (bad, hard など)」を頭につけて、その「偶然」が幸か不幸かを示す必要があります。

ですので、裏を返せば、「bad」や「hard」など、「不幸」を意味する形容詞がない場合は、基本的にはいい意味で使われることがほとんどと考えられるでしょう。もちろん、第二義の「chance」の同義語として、まったく中性的な語として使われることもあります。日本語の「運」とほぼ同じ意味・ニュアンスですね。

《今日の例文》

You don't have much luck these days, do you?
最近、あまりツイてないんじゃない？

Some people have got all the luck.
世間には運のいい人っているんだよね。

Don't look down on what luck can do.
運の力を甘く見たらいけないよ。

It was pure luck that a police passed by at that time.
そのとき警官が通りかかったのは、運以外の何物でもない。（←警官が通りかかったことの結末が happy なら good luck、unhappy なら bad luck だったといえますね）

《今日の単語、おかわり！》

*** **look down on**　　見下す、甘く見る
*** **pure** [pjuər]　　純粋な、正真正銘の
*** **pass by**　　通りかかる

〈今週の単語　luck／fortune／fate／doom／destiny〉

今週のスタートは "luck"

《今日の単語》

☞ fortune

「運、運命」[fɔ́ːrtʃən]

"[chance] chance, and the good or bad influence that it has on your life（偶然の機会、また、その偶然があなたの人生に与える良い影響、あるいは悪い影響のこと）"

　出ました〜っ！　早速、既出のボキャ、influence。しかも、非常にわかりやすい解説。
　昨日のluckは、まず「幸運」ときて、第二義で「偶然の機会」とのことでしたが、このfortuneは、「運」という意味では、「（良かれ悪しかれ）偶然の機会」の定義のみです。とはいえ、これも第二義。
　実は、fortuneの場合の第一義は「大金、（莫大な）財産」。たしかに、幸「運」の象徴なのかもしれませんね。
　さて、「偶然の機会、運」という意味についてもう少し探ってみましょう。この語はラテン語fors（偶然）の変化形が語源になっています。つまり、純粋に「偶然」を意味する語。
　とはいえ、昨日のluckも含め、これらの語の「偶然」という意味には、日本語の「偶発的な、たまたまの」という言葉よりも、より「神慮による」というような、人智を超えた何らかの力の存在を匂わせます。やはり、そういう意味でも「運」という訳語がピッタリくるわけです。
　そしてさらに、「その偶然がもたらした影響」までもが意味に含まれますので、その点ではただ「運」というよりは「運命」としたほうが、よりその影響力、重みを伝えることができます。

用法ですが、luck の第二義と同様、「幸」か「不幸」かを言うためには、good または bad/ill などの形容詞をつける必要が出てきます。

また、この fortune の形容詞 fortunate、副詞 fortunately はそれぞれ「幸運な」「幸運にも」と、どちらも「幸」の意味になります。ですので、luck ほどではないとはいえ、この fortune という言葉にも、基本的には「幸」の響きがあると考えてよいでしょう。

《《今日の例文》》

Fortune is something that you make on your own.
運とは自分で作り出すものだ。

I managed to get out of the collapsed building by good fortune.
その倒壊したビルからなんとか抜け出せたのは幸運だった。

《《今日の単語、おかわり！》》

- *** **on one's own** 　　自分の力で、自分自身で
- *** **manage to ~** 　　やっとの思いで~する
- *** **collapsed** [kəlǽpst] 　　倒壊した

今週の
スタートは
"luck"

《《今日の単語》》

☞ **fate**

「宿命」 [feit]

"the things that will happen to someone, especially unpleasant events（ある人に将来起こる事柄、特に不快な出来事）"

「will happen」と、未来形で解説されているのがポイント！ですね。将来、これから、起ころうとしている、嬉しくないことを指して、fate と言います。そういう意味では、「宿命」のほかに、「結末」とか「命運」という意味合いもこれに含まれます。

もちろんこれは、未来形でしか使えないということではなく、たとえばすでに起きたことであっても、後から振り返って、「あれは宿命だったな」というように使うことも可能です。

「幸・不幸」のニュアンスを比較すると、昨日の fortune を挟んで、一昨日の luck と等間隔に反対側に位置する感じです。

不幸←ーーーー fate ーー fortune ーー luck ーーーー→幸
↑こんな感じ（図画に必死）。

さらに、fate にはちょっと意味の異なる第二義もあります。

"a power that is believed to control what happens in people's lives（人々の生涯に起きる事柄をコントロールしていると信じられている力）"

運命のいたずら～なんていうときの「運命」のことですね。ちなみに、第一義の「将来起きること、結末」という意味の fate は可算名詞ですが、第二義の「運命の女神」的な、より概念に近い

「運命」は、不可算名詞です。

《《今日の例文》》

The fate of this world lies within our hands.
この世界の命運は、私たちの手の中にある。

Be cautious when you fire people - you decide their fate.
人を解雇するときは、慎重にしなさい―彼らの先行きを暗くすることになるのだから。

You can't and shouldn't turn your back on your fate. You must face and conquer it, and pave the way for your future.
運命から逃れることはできないし、逃れようとしてはいけない。そうではなく、それに立ち向かって乗り越え、自分の将来のために道を切り開くのだ。

《《今日の単語、おかわり！》》

- *** **lie** [lai] 　　　　　　　横たわる
- *** **cautious** [kɔ́ːʃəs] 　　　注意深い、慎重な
- *** **turn one's back on ~** 　～に背を向ける、～から逃げる
- *** **face** [feis] 　　　　　　面と向かう
- ** **conquer** [káŋkər] 　　　征服する
- ** **pave** [peiv] 　　　　　　（道を）舗装する
- → **pave the way for ~** 　～への道を切り開く

〈今週の単語　luck／fortune／fate／doom／destiny〉 **353**

今週のスタートは "luck"

《《今日の単語》》

☞ **doom**

「最期、(世の)終わり」[duːm]

"the end of something especially by destruction or death, that will soon come and that you cannot avoid（あることの終わり、特に破壊や死によってもたらされる終わりで、間近に迫っており、逃れることができないもの）"

ひょえぇぇぇ〜

コワイですねぇ〜。恐ろしいですねぇ〜。特に、最後の「逃れることができない」ってのがぁぁぁ〜。

このように、doom とは、昨日までのボキャのような、単なる結果や機会というのではなく、はっきりと「終わり、終末、最期」を意味する語です。

さらに、「偶然の機会」というような不確実性ではなく、「間近で逃れられない」ときています (-_-;) 最悪です（涙）。

人について使えば、たいていの場合は「死」、あるいは「身の破滅」を意味することが多く、たとえば「meet one's doom」は「最期を迎える」という意味になります。

この語を使って、「Doomsday（世の終わり）」なんて言葉もよく使われます。とはいえ、宗教的な意図で、文字通りの「世の終わり」を意味するよりも、強調や印象付けのために使われることのほうが断然多いといえます。

「till Doomsday」と言えば、「終わりの日まで」、つまり、（終わりなんてそうすぐは来ないという楽観のもと）「永遠に」「ずっと」という意味の強調した言い方です。ただし、もとの doom が

354

かなりネガティブですので、当然良い意味での「永遠に、ずっと」にはまず使いませんのでご注意。

《《今日の例文》》

You can fool around till Doomsday and will end up a beggar.
いつまでもブラブラしててごらんよ、乞食にでもなるのがオチだよ。

The company is doomed to bankruptcy.
その会社は、まっすぐ破産に向かっている。

《《今日の単語、おかわり！》》

*** **fool around**	遊びまわる、ダラダラ過ごす
*** **end up ~**	結局は〜になる、最後には〜することになる
** **beggar** [bégər]	物乞い、こじき
** **bankruptcy** [bæŋkrʌptsi]	破産、倒産

〈今週の単語 luck／fortune／fate／doom／destiny〉 **355**

開運のスタートは "luck"

《今日の単語》

☞ **destiny**

「定め」 [déstəni]

"the things that will happen to someone in the future, especially those that cannot be changed or controlled（人の将来に起こること、特に自分の手で変えたりコントロールしたりすることができないもの）"

あ〜よかった、「unpleasant」とか「destruction」とか出てこなくて。……とはいえ、だからといって油断（？）はできませぬ。なんとこの解説の末尾に、同義語として「fate」が挙げられているのです……。

fate といえば、「偶然の出来事」の不幸寄り版。それでは destiny と fate はまったくの同義なのか？

まず、destiny の特徴は、「自分の手で変えたりコントロールできない」というニュアンス。それゆえに、相当する日本語として「定め」を選びました。

その語源を探ってみると、destiny の姉妹語である「destined（【形】定められた、運命付けられた）」については、ラテン語の「de-（下に）」と「stare（立つ）」の合成語「destinare（下に立つ）」から来ていることがわかります。

「下に立つ」、何の下か、といえば、神があらかじめ決めたこと。そこから、「神が決める」という意味が生じたということです。

神様があらかじめ決めてしまった将来であるため、人がそれを変えたり制御したりすることはできない、ということになるわけです。

ちなみに、「destination（到着先、行き先、目的地）」も同じ語源のことばです。こう見ると、「前もって決められた、最終的な到着点」というニュアンスがよくわかりますね。
　一方、fate については、「神の言葉」を意味するラテン語 fatum が語源。一見 destiny の語源と似ているようですが、こちらには「あらかじめ決められた」というはっきりとした意味合いはありません。
　古代の人たちが「神様のおっしゃったこと＝運命」ととらえた、ということなのですが、こちらは「あらかじめ決められた」というよりは、「予言」や「命令」に近いニュアンスです。
　それで、destiny は fate よりも、「どうにもできない、変えられない」という意味が強い点で異なるといえます。ですので、「自分にはどうしようもない」という感情や、そういう意味での悲観や、ときに絶望感、あきらめなどのニュアンスを伝えたいときには、destiny がもっともふさわしいということになりますね。
　また、destiny には fate と同じく、「人の将来を決定する力」という、超人間的な力を指す第二義もあります。

《《今日の例文》》

His destiny was to be sent to the front of the battle.
彼は戦闘の前線へ送られる定めにあった。

I'm ready to accept my destiny, no matter what it takes.
どんなに大変なことであろうと、自分の宿命は受け入れるつもりでいる。

Do you believe in destiny?
運命を信じるかい？

今週のスタートは "luck"

[今週の単語 builder]

今週のボキャの中から、最も適切な語を空欄に入れましょう。

① The company was (　) to bankruptcy.
その会社は倒産する定めにあった。

② Sometimes you may have bad (　), but you also have good one.
ついていないこともあるかもしれないが、ついていることだってある。

③ You don't have much (　) these days, do you?
最近あまりついてないんじゃない？

④ He had no choice but to accept his (　).
彼には、自分の宿命を受け入れる以外道はなかった。

⑤ I won't give up. I don't believe in (　).
私はあきらめない。運命なんて信じない。

※ 解答は 370 ページ

[先週の単語 builder 解答]

① came to know　　　　② known
③ find out または discover　　④ learn または find out
⑤ finding out または discovering

第29週

strong とその仲間たち

《《今週の単語》》

strong
tough
firm
determined
robust

「強い」という語もさまざまです。内面が強いのか、身体が丈夫なのか、はたまた体力的にタフなのか。今週は「強い」の表現の幅を広げてみましょう。

今週の
スタートは
"strong"

《今日の単語》

☞ **strong**

「強い」[strɔ(ː)ŋ]

　単語には、ネガティブな意味とポジティブな意味の両方を持っているものと、基本的にどちらか一方しか持っていないものとがありますが、strong は、基本的にはポジティブな単語で、批判したり悪く言ったりするときに単独で使うことはまずありません（too strong、とか、unnecessarily strong、などと言った場合は別ですが）。

　さらに、非常にたくさんの意味を持っていますが、人となりについていう場合は、以下のような意味になります。

"determined and able to deal with a difficult or upsetting situation（困難な、あるいは不愉快な状況に対処する覚悟ができている、また実際対処できる）"

　つまり、困難に負けたり、圧倒されたりしないで、立ち向かっていく器やパワーを備えている、ということ、そして、負のエネルギーに勝てる＝ポジティブなエネルギーを持っている、ということ。それが、strong です。
　「ポジティブエネルギー」がこの語のキーワードです。

《《今日の例文》》

When I was a kid, I'd encounter a lot of peer pressure at school, but thanks to my parents' discipline, I was strong enough to cope with the hard times.

子供の頃は、学校でたくさんの同級生の圧力に出くわしたけど、両親のしつけのおかげで、難しいときもうまくやっていくだけの強さを私は身に付けていた。

"You know what? Her husband's walked away from her."
"Oh, I know. But she's so strong a woman I believe she can deal with all that."

「知ってる？　彼女のご主人、出ていっちゃったんですって」
「知ってるわ。でも彼女は強い人だから、なんとかやっていけると信じてる」

《《今日の単語、おかわり！》》

- *** **encounter** [enkáuntər]　　（危険や困難などに）遭う
- *** **peer** [píər]　　（立場や能力が対等な）仲間
  - → **peer pressure**　　同級生からの圧力
- *** **discipline** [dísəplin]　　しつけ、訓練
- *** **cope with ~**　　～に対処する
- *** **walk away from ~**　　～から離れる、出て行く
- *** **deal with ~**　　～に対して処置を取る

〈今週の単語　strong／tough／firm／determined／robust〉

今週の
スタートは
"strong"

《今日の単語》

☞ tough
「耐久性がある」[tʌf]

わかりますか？　昨日の「strong」との違い。

"able to live through difficult or severe conditions（難しい、またはつらい状況を耐え抜くことができる）"

「負のエネルギーに勝つポジティブなエネルギー」が、strong でした。「勝つ」「エネルギー」、これらは strong が影響力のある能動的な語である、ということになります。一方今日の tough は、live through ― 耐え抜く、という、どちらかというと受身、受動的な語になっているのです。

問題や困難にポジティブに働きかけていく strong と違い、耐え抜く tough だからといって tough が弱いのか、というと決してそうではなく、「強い」の種類が違うのですね。

タフガイ、の「タフ」も、この tough というのはわかりますね。頑強な男とか、不屈の男とか、打たれ強い男とか、そういう意味です。問題にパンチを食らわして伸してしまうのと違い、問題を抱えながらもめげずあきらめず、前向きさを失わないで、進み続ける。ちょっとクールで格好いい（？）ボキャなのでした。

《今日の例文》

Rod is such a tough man he got himself out of the mountain after having been missing for more than 24 hours.
ロドは非常に頑強な男で、山で 24 時間以上も行方不明になった後、自力で下山した。

Martha is so tough she had plenty of energy left when she completed the triathlon race.
マーサはとてもタフで、トライアスロンのレースを完走してもなおエネルギーが有り余っていた。

《今日の単語、おかわり！》

- *** get oneself out of ~　　〜から自力で出る
- *** be missing　　行方不明である
- *** plenty of ~　　十分な〜、盛りだくさんの〜
- *** complete [kəmplíːt]　　完成する、達成する

〈今週の単語　strong ／ tough ／ firm ／ determined ／ robust〉

今週の
スタートは
"strong"

《今日の単語》

☞ **firm**

「しっかりした」[fə:rm]

"behaving or speaking in a way that is strong and that shows you are not likely to change your answer, belief, etc(答えや信条を変えるつもりはないという、強い言動の)"

　こちらは困難や影響力や耐久性とは直接関係はなく、信念や意思などの、精神的な面が浮き彫りになったボキャです。
　断固とした、しっかりとした、確固とした、惑わされない、という感じ。基本的にポジティブな意味の単語ですので、悪口やいやみで使われることは非常に少ないでしょう。
　語源はラテン語の「firmus」で、affirm や confirm などと同じ語源で、「確か」という基本的な共通の意味があります。

《今日の例文》

I was impressed at the firm attitude of the Christian believer.
私は、そのクリスチャン信者の確固とした態度に感銘を受けた。

Tony replied with a kind but firm "No" to the proposal.
トニーはその申し出に対し、穏やかながらも断固とした断り方をした。

《今日の単語、おかわり！》

***be impressed at ~	~に感動する
***attitude [ǽtət(j)ùːd]	態度
***reply with ~	~と言って返答する、~をもって答える
***proposal [prəpóuzl]	申し出

〈今週の単語　strong ／ tough ／ firm ／ determined ／ robust〉

今週のスタートは "strong"

《今日の単語》

☞ # determined

「決然とした」[ditə́ːrmind]

"having a strong desire to do something, so that you will not let anyone stop you（あることをしたいという強い願いのゆえに、誰にも自分の行く手をはばませるものかと思う)"

昨日の、「信念や意思を曲げないぞ」というのと似ていますが、今日のボキャはそれに「どうしても○○がしたい」という理由が加わります。

ある目標や夢を実現させることを強く欲し、絶対自分はそれをやってみせるんだ、誰がなんと言おうと実現するんだ！！という、目標と決意と情熱、それが determined。

つまり…、

もう ど・ぉ・に・も・と・ま・ら・な・い～♪

ってことですね。

昨日の「firm」と「信念を曲げない」という意味では同じでも、firm がどちらかというと「守り」であったのに対し、determined は前進する「勢い」があります。

《今日の例文》

I was touched by the determined attitude of the missionary to preach Christianity.
キリスト教を広めるというその宣教師の決然とした姿勢に、私は心を打たれた

Yuriko's determined to go to the States by herself.
ゆり子は単身アメリカにわたる決意を固めている。

《今日の単語、おかわり！》

*** be touched by ～　　　～に心を打たれる
** missionary [míʃəneri]　宣教師
*** by oneself　　　　　　単身で

〈今週の単語　strong ／ tough ／ firm ／ determined ／ robust〉

今週の
スタートは
"strong"

《今日の単語》

👉 robust

「頑丈な」 [roubʌ́st]

"behaving and speaking in a strong and determined way（強く確固とした様子で振る舞ったり話したりする）"

集大成のごとく？「strong」と「determined」が出てきてますね。ちなみに、これは robust の第一義ではありません。人に関して使った場合の意味で、第四義になります。

もともと、「robust」の第一義は「(身体が) 強くて健康な」というもので、体のつくりが頑丈で、丈夫で、病気などをしない、という意味です。そこから敷衍して、

"strong and not likely to break（強度があり壊れそうにない）"

とか、

"strong and not likely to have problems（しっかりしていて問題を抱えることはなさそうな）"

といった第二義、第三義が出てきています。この「robust」のポイントは、「病気や弱さや問題や失敗とは無縁で、スキがない」という点。単なるパワーや信念ではなく、「つくり」「仕組み」がしっかりしている、というニュアンスになります。そうした「裏打ち」があるので、strong かつ determined に振る舞い、話したりできる、というわけです。

〈今日の例文〉

We are counting on the robust security system of your company.
われわれは、貴社の強固な安全システムが頼りだ。

My grandma is 100 years old, but still lively and robust.
おばあちゃんは100歳だけど、今でも生き生きしていて丈夫だ。

《今日の単語、おかわり！》

*** count on ~   ~に頼る
*** lively [láivli]   生き生きとした

〈今週の単語 strong／tough／firm／determined／robust〉

今週のスタートは "strong"

[今週の単語 builder]

今週のボキャの中から、最も適切な語を空欄に入れましょう。

① She's so ( ) she sleeps only 3 hours a day and suffers no problem in everyday activities.
彼女はとてもタフなので、1日たった3時間しか寝ないのに、日常の活動に支障をきたすことはない。

② This material is ( ) enough to protect your body from all kinds of shocks.
この素材は、あらゆる種類の衝撃からあなたの体を守る、十分な強さを備えています。

③ My dog is 25 years old but is still ( ) and in good form.
うちの犬は25歳になるが、今もまだ丈夫で元気にしている。

④ You'll make your way with those ( ) efforts.
その決然とした努力があれば、きっと成功するよ。

⑤ Rose supported her husband with ( ) affection.
ローズは揺るぎない強い愛情で夫を支えた。

※ 解答は382ページ

[先週の単語 builder 解答]

① doomed
② fortune
③ luck
④ fate または destiny
⑤ fate または destiny

370

第30週

error とその仲間たち

《今週の単語》

error
mistake
goof
oversight
slip

カワイくてつい許しちゃうような間違いから、ゴメンナサイでは済まされない（涙）深刻なものまで。今週は「間違い」を掘り下げます。

今週のスタートは "error"

《今日の単語》

☞ error
「誤り、ミス、エラー」[érər]

「○○エラーが発生しました」

PCなどの機器に毎日接していると、上のようなメッセージにもなじみがありますよね。日常よく使われる、「エラー」という言葉、英語では「error」ですが、では、もともとの英語はどのような意味なのでしょうか。

"a mistake, especially a mistake in speaking or writing or a mistake that causes serious problems（間違い、特に、言葉上のあるいは文章上の間違い。または、深刻な問題を引き起こすような間違い)" — Longman

error も mistake も、どちらも「間違い」と訳されますが、「error」のほうが意味がより狭まり、限定的になります (mistake については、明日のボキャブラリーで詳述します)。

使い方や用法上の間違い (Longman が述べている、言葉や文章上の間違い) という意味では、ややかしこまった表現になります。

Longman でも、errorとmistakeの使用頻度の比較がなされていて、それによると、口頭では、errorはmistakeの1／3強の頻度でしか使われないのに対し、ライティングでは、mistakeをやや上回る頻度で使われていることがわかります。

他にも、「深刻な問題を引き起こすような間違い」という意味が示されていますが、ここまで行かなくても、日本語で言う「過

ち」といったニュアンスで使われることはよくあります。
　errorを使った表現で、よく使われるものとしては、
human error（人為的なミス）
system error（システムミス）
a grave error（致命的な間違い：graveは「墓」の意）
in error（誤って、手違いで）などがあります。

《今日のお役立ち表現》

☞ by trial and error

「試行錯誤しながら、実験を繰り返して」

「試しては失敗し、また試す」。そんなニュアンスの表現が、上の「by trial and error」です。
　何かを実現、あるいは達成、成功させるまでの過程で、さまざまな方法を試してついにbestなものを見つける、というのに使います。
「He found out the method by trial and error.（彼は、実験と失敗を繰り返して、その手法を編み出した）」
「You learn by trial and error.（人は試行錯誤しながら学んでいくもの）」
　語学もまさに、「by trial and error」で身に付けていくものです。「He who makes no mistakes speaks no languages.」という感じでしょうか。がんばりましょう！

〈今週の単語　error / mistake / goof / oversight / slip〉

今週の
スタートは
"error"

《今日の単語》

☞ mistake

「間違い」 [mistéik]

「間違い」と聞いて、まず誰もが最初に思い浮かべる英単語といえば、「mistake」でしょう。それだけ「基本的な」単語のため、あえて意味を掘り下げることも少ないかもしれません。

というわけで、あえて一考！

まず、「mistake」の語源ですが、「mis-（誤って）」と「take（取る）」でできているのは、一目瞭然ですね。つまり、もともとは「誤って取る、間違って受け取る」という動詞。そして、同じつづりで名詞形も存在しているというわけです。

ただし、ここで注意が必要なのが、動詞の「mistake」と、名詞の「mistake」では、微妙に意味が違うという点。いえ、「間違い」に違いはないのですが、その「間違い」の意味が違うんですね。

動詞の mistake のほうは、語源の意味そのままで、「あるものを、間違って理解する、勘違いする、誤解する」という意味。言葉の意味や人の言動を取り違えたり、人違いをするという意味です。つまり、「本来のものとは違う理解をする」ということ。

ところが、これが名詞の mistake になると、「正解ではないこと、正しくないこと」という意味の、一般的な「間違い、失敗」という意味になります。

Longman では、以下の定義になっています。

"something that has been done incorrectly, or an opinion or statement that is incorrect（正しくない行為や結果、正しくない

意見や発言)"

　incorrect とは、「正解でない」という意味。ここにはもちろん、動詞の「勘違い、取り違い」という意味も、含まれます。となると、名詞形の mistake が、動詞形の mistake よりも、より一般的で広義な単語と言えるでしょう。
mistake (動詞) ＜　mistake (名詞)
　というわけ。これを、
mistake (動詞) ＝　mistake (名詞)
　と勘違いし、「間違いをした」というつもりで、I mistook... などとやってしまうのは、よくある mistake です (笑)。「間違いをした」は、正しくは「I made a mistake.」で、「I mistook...」というと、「…を勘違いした」という意味になります。
　さて、この名詞「mistake」、とても一般的な語です。昨日の error よりも、カジュアルで、日常もっとも使われる言葉です。それでいて、フォーマルな場で使っても、まったく問題はありません。

《《今日の例文》》

I was really at a loss then and talked to Frankie about my problems. And that was a big mistake, you know. He spread it around!
そのときは、本当にどうしていいかわからなくって、フランキーに相談したのよ。でも、それが大きな間違いだったのよね。彼ったら、私の悩みを、みんなに言いふらしたのよ！

Gee, I've made such a lot of mistakes on the test!
うっわ～、テストでこんなに間違えたなんて！

He who makes no mistakes makes nothing.
　【諺】間違いをしない人間は、何も生み出さない。

〈今週の単語　error / mistake / goof / oversight / slip〉

今週は
スタートは
"error"

《今日の単語》

☞ goof

「ポカ、ヘマ」[guːf]

「おっと！ ヘマしちゃった！」
こんな一言、どう言えばいいのでしょう？
「Oops, I made a mistake!」
もちろん、間違いではないですが、「ヘマ」「ポカ」「おマヌケ」といった、ちょっとおどけたニュアンスはないですよね。
そんなときに使えるのが、今日のボキャブラリー、「goof」です。人の間違い、特に自分の間違いを正直に認めつつ、おどけて表現するときに使います。まさに上の、「ヘマしちゃった！」がそうですね。
「Oops, I made a goof!」
と言うわけです。
この goof、動詞としても使えます。意味は、そのまま「ヘマをする、間抜けな失敗をする、失態をさらす」となります。
「Oops, I goofed」
という感じですね。

376

《《今日の例文》》

"I just can't believe Tony made such a stupid mistake."
"Forget it. It's only a goof."
「トニーがあんな愚かな間違いをするなんて、信じらんない」
「忘れなよ。ちょっとヘマしただけだよ」

《《今日のお役立ち表現》》

goofy

「マヌケな、おっちょこちょいの」

ディズニーキャラクターの「グーフィー」を思い浮かべた方、正解！ 彼の名は、まさにコレです。今日のボキャ「goof」の形容詞形で、「よくヘマをする」という感じの意味です。
「You know why Mike has been absent for these 3 days? He told me he was sleeping for the whole 3 days so that he wouldn't need to sleep the next 3 days!（マイクがどうして3日間も欠勤してたか、知ってる？ 彼いわく、3日間不眠で済ませるために、その前の丸3日間を寝だめしてたんだって！）」
「He's such a goofy...（バカだね〜）」
……バカというか、かわいいというか（笑）。憎めないおばかさん、といった感じでしょうか。
ちなみに、「仕事などをサボる、油を売る」は、「goof around」（動詞です）と言います。同じ語源なので、セットで覚えてしまいましょう！
「You, goofing around again!（おまえ、またこんなとこで油売って！）」
うーん、やっぱり言葉って面白いですね！

〈今週の単語 error ／ mistake ／ goof ／ oversight ／ slip〉

今週の
スタートは
"error"

《《今日の単語》》

☞ oversight
「見過ごし、見落とし」

　ミスはミスでも、「誤り」というより「うっかり見過ごしたこと、見落としたこと」という場合のミスは、なんと言うでしょう。「something incorrect」ではないので、error や mistake をそのまま使うことはできません。かといって、「やっちゃったぁ！」とおどけるわけにもいかない。そんな場合には、oversight を使います。

　この単語、見てのとおり「over」と「sight」でできていますね。「over」は、もとは「〜を越えて」という意味の副詞、「sight」は、視野、視覚という意味の名詞です。

　つまり、この2つで、「(あること) を越えて、その向こう側を見ること」という意味になります。すなわち、「(見るべきことを) 見過ごす、見逃す、見落とす」ということ。

　Longman では次のように定義しています。

"a mistake that you make by not noticing something or by forgetting to do something（あることに気づかずに、あるいはあることをし忘れて、する間違い）"

　語彙としては、フォーマルでもカジュアルでもなく、標準的な単語で、使う場は特に選びません。

《今日の例文》

I'm so sorry - it was just an oversight. I never meant anything.
ほんとにゴメン。うっかり見落としただけなの。他意はないのよ。

What an oversight that you forgot to bring your swim suit to the beach!!
海に来るのに水着を忘れるなんて、うっかりにもほどがあるんじゃない！？

We apologize for the oversight in our calculation, the total amount is $400 as you indicated.
当方の計算に見落としがあり、申し訳ありませんでした。合計額は、お客さまのご指摘のとおり、400ドルに間違いございません。

《今日の単語、おかわり！》

- *** **mean** [miːn] 　　　　　　　意味する、意図を持たせる
  → not mean anything 　他意はない
- *** **calculation** [kæ̀lkjəléiʃən]　計算
- *** **indicate** [índikèit] 　　　　（それとなく）示す、指摘する

〈今週の単語　error ／ mistake ／ goof ／ oversight ／ slip〉

今週の
スタートは
"error"

《今日の単語》

☞ slip

「うっかりミス」 [slip]

　mistake（間違い）であることは変わらないけれど、そこまで深刻ではなく、かといってgoofのようにおどけるわけにもいかない……。

　そんなビミョ〜なミス（？）を表すボキャが、今週のシメを飾ります。

　そのボキャとは、「slip」。

「すべる、踏み外す」という意味の動詞と同源の言葉です。不意に、意図せず、うっかり「すべる」あるいは「足を踏み外す」のと同様、ちょっとの不注意で、うっかりやってしまった軽度の間違いを指します。

　間違いには変わりないので、goofとおどけて言うことはできないにしても、「失敗」というほどの深刻なニュアンスはありません。

　原因としては、特に、急いでいたとか、単に注意力が欠けていた、というような場合の、小さなミスです。

　Longman の定義も、「a small mistake」と、非常にシンプルかつわかりやすく、そしてあっさり……（笑）。

《今日の例文》

Don't rush. You always make a few slips when you're in haste.
あわてないで。急ぐといつもうっかりやるんだから。

If it were just a slip, no one would accuse you.
ただのうっかりミスなら、だれも責めたりしないよ。

《今日の単語、おかわり！》

*** rush [rʌʃ] 　　　大急ぎでする、焦ってする
*** in haste 　　　　急いで
*** accuse [əkjúːz] 　責任を問う、非難する

〈今週の単語　error ／ mistake ／ goof ／ oversight ／ slip〉

今週のスタートは "error"

[今週の単語 builder]

今週のボキャの中から、最も適切な語を空欄に入れましょう。

① Oh, no, I made a ( ) again!
おっと、またヘマしちゃった。

② Don't be afraid to make ( ).
間違いを恐れてはだめだ。

③ I wasn't trying to ignore it; it was just an ( ).
無視しようとしていたんじゃないんだ。つい見落としただけなんだよ。

④ No human is immune to ( ).
過ちを犯さずに済む人間はいない。

⑤ He was kicked out of the team because he was making ( ) all the time.
しょっちゅううっかりミスばかりしていたため、彼はチームから追い出された。

※ 解答は 24 ページ

[先週の単語 builder 解答]

① tough
② strong
③ robust
④ determined
⑤ firm

INDEX

索引

本書で取り上げた主な単語・熟語を、アルファベット順に並べました。太字が「今日の単語」です。チェック欄も利用して、学習のまとめ・単語の総整理などにお使いください。

A

- a business trip 041
- a day trip 041
- a piece of 021
- a pleasure trip 041
- a summer cottage 329
- a way out 155
- abdominal 179
- **Absolutely** 144
- absurd 155
- account 139
- accuse 381
- adolescent 187
- adopt 243
- affair 345
- agenda 127
- **all** 300
- all about 165
- all the way 039
- annoy 033
- antiquities 019
- **anxious** 238
- appearance 239
- arrange 139
- as a result of 〜 189
- ask [A] out 055
- astonishing 333
- at all times 163
- **at times** 058
- at work 163
- attitude 365
- aware 231
- awful 059
- **awkward** 080

B

- back and forth 039
- badly 089
- bankruptcy 355
- basement 345
- basically 023
- be astonished by 〜 331
- be fed up with 〜 043
- be impressed at 〜 365
- be missing 363

- [ ] be prepared for~ 083
- [ ] be ready to~ 119
- [ ] **be sure to** 124
- [ ] be touched by~ 367
- [ ] **bear** 254
- [ ] **bear in mind that** 130
- [ ] beggar 355
- [ ] benefit 183
- [ ] better 067
- [ ] birthrate 295
- [ ] bit 225
- [ ] blush 081
- [ ] **boiling** 066
- [ ] **bother** 034
- [ ] breeze 305
- [ ] brilliant 151
- [ ] bulletin board 127
- [ ] bully 293
- [ ] **bumbling** 078
- [ ] **burst** 031
- [ ] **butt in** 032
- [ ] **butter-fingered** 082
- [ ] by accident 283
- [ ] by oneself 367

C

- [ ] calculation 379
- [ ] careful with~ 017
- [ ] cautious 353
- [ ] **Certainly** 146
- [ ] certificate exam 101
- [ ] chances are~ 109
- [ ] **chatter** 251
- [ ] **check** 264
- [ ] checkup 239
- [ ] **cheer** 031
- [ ] chemistry 229
- [ ] childish 093
- [ ] choice of words 021
- [ ] **clarify** 270
- [ ] clear one's throat 193
- [ ] climate 071
- [ ] cloud 207
- [ ] **clumsy** 076
- [ ] coach 103
- [ ] code 229
- [ ] cold-call 035
- [ ] collapsed 351
- [ ] come along 147
- [ ] **come to know** 342
- [ ] **come up with** 150
- [ ] coming 311
- [ ] compare 307
- [ ] compassion 059
- [ ] competition 243
- [ ] complain about~ 121
- [ ] complete 363
- [ ] composition 317

- ☐ **comprehend** 168, 226
- ☐ concentrate on ~ 107
- ☐ **concerned** 244
- ☐ condition 119
- ☐ conference 337
- ☐ **confirm** 262
- ☐ conflict 253
- ☐ conquer 353
- ☐ conscious 163
- ☐ **consequence** 292
- ☐ construction 237
- ☐ consumption 255
- ☐ cope with ~ 361
- ☐ count on ~ 369
- ☐ creative 117
- ☐ crew 115
- ☐ crossing 187
- ☐ crowd 315
- ☐ culprit 183
- ☐ curious 033

D

- ☐ damages 177
- ☐ date [人] 023
- ☐ deal with ~ 361
- ☐ decline 157
- ☐ defiant 187
- ☐ **delicate** 016
- ☐ dept 131

- ☐ despite ~ 305
- ☐ **destiny** 356
- ☐ **determined** 366
- ☐ development 289
- ☐ dine out 055
- ☐ disaster 269
- ☐ discipline 361
- ☐ discouraged 219
- ☐ **discover** 344
- ☐ discrimination 207
- ☐ disposition 213
- ☐ **dispute** 096
- ☐ disrespect 257
- ☐ **distract** 028
- ☐ **disturb** 026
- ☐ do the dishes 097
- ☐ **do your best** 106
- ☐ doctrine 315
- ☐ doldrums 221
- ☐ donation 153
- ☐ **doom** 354
- ☐ doze off 047
- ☐ drag on 097
- ☐ **drill** 314
- ☐ drive [A] away 283
- ☐ drunk 089
- ☐ due to ~ 203
- ☐ dump 283

E

- [ ] earning 307
- [ ] easygoing 023
- [ ] economic 295
- [ ] **effect** 286
- [ ] encounter 361
- [ ] end up～ 355
- [ ] **endure** 252
- [ ] enormous 307
- [ ] enter 317
- [ ] **entire** 302
- [ ] environmental 287
- [ ] error 372
- [ ] erupt 303
- [ ] evacuate 303
- [ ] example 151
- [ ] excuse 151
- [ ] **exercise** 318
- [ ] exhaustion 019
- [ ] existence 289
- [ ] expect 291

F

- [ ] face 293,353
- [ ] fail 101
- [ ] fail to～ 231
- [ ] **Fair enough.** 140
- [ ] **fascinating** 280
- [ ] fate 352
- [ ] **fight** 088
- [ ] **figure out** 224
- [ ] fill 133
- [ ] **find out** 338
- [ ] fireball 103
- [ ] **firm** 364
- [ ] **flight** 046
- [ ] follow 107
- [ ] fool around 283,355
- [ ] for some reason 157
- [ ] for the first time 081
- [ ] forgiveness 071
- [ ] **fortune** 350
- [ ] forward 125
- [ ] forwarded 129
- [ ] **fragile** 018
- [ ] **fun** 274
- [ ] **funny** 276
- [ ] **furious** 021,062

G

- [ ] get fed up with～ 043
- [ ] get into～ 091
- [ ] get it right 277
- [ ] get oneself out of～ 363
- [ ] **get the hang of** 232,277
- [ ] get to 129
- [ ] **give in** 112
- [ ] **give up** 114

- ☐ globe 071
- ☐ gloomy 215
- ☐ go fifty-fifty 143
- ☐ go for ~ 167
- ☐ **go for it** 108
- ☐ go on 097
- ☐ go on a strike 257
- ☐ go out for 143
- ☐ **good luck** 104
- ☐ goof 376
- ☐ graduation ceremony 081
- ☐ **grasp** 230
- ☐ **gross** 306
- ☐ grown-up 089

H
- ☐ had better ~ 107
- ☐ hand in 125
- ☐ handful 187
- ☐ handle 019
- ☐ **hang in there** 100
- ☐ **hassle** 204
- ☐ **have butterflies** 242
- ☐ have got to ~ 195
- ☐ hesitate to ~ 091
- ☐ **hilarious** 282
- ☐ **hold** 337
- ☐ hometown 043
- ☐ How come ~? 023
- ☐ huddle 155
- ☐ huge 031
- ☐ hysterical 251

I
- ☐ **I got it.** 164
- ☐ **I see.** 162
- ☐ ID number 139
- ☐ I'd 177
- ☐ identify 029
- ☐ imagery rehearsal 243
- ☐ **impact** 290
- ☐ impress 325
- ☐ in haste 381
- ☐ in one's own right 195
- ☐ in vain 229
- ☐ indicate 379
- ☐ **inflamed** 064
- ☐ **influence** 288
- ☐ inscrutable 145
- ☐ intensively 311
- ☐ involve 231
- ☐ irrigation channel 325
- ☐ **issue** 206

J
- ☐ jangling 249
- ☐ job center 337
- ☐ **journey** 042

K

- [ ] keep away from〜 067
- [ ] keep in mind 195
- [ ] kick out 257
- [ ] kick upstairs 131
- [ ] **know** 336

L

- [ ] labor 097
- [ ] **landscape** 330
- [ ] **learn** 340
- [ ] lie 353
- [ ] **likely** 176
- [ ] lively 369
- [ ] longing for〜 045
- [ ] longstanding 207
- [ ] look down on 349
- [ ] **look on the bright side** 214
- [ ] lorry 237
- [ ] lose heart 145
- [ ] **luck** 348
- [ ] luxurious 045

M

- [ ] magnificent 329
- [ ] main 269
- [ ] maintain order 131
- [ ] make a hit 117
- [ ] make it a rule to〜 055
- [ ] **make sure** 266
- [ ] **make sure to** 132
- [ ] manage to〜 351
- [ ] management 097
- [ ] **marvelous** 278
- [ ] masculine 239
- [ ] master 313
- [ ] **matter** 208
- [ ] maybe 180
- [ ] mean 379
- [ ] mediate 157
- [ ] mention 181
- [ ] Mind you 021
- [ ] minister 315
- [ ] miss 299
- [ ] missionary 367
- [ ] **mistake** 374
- [ ] mother earth 071
- [ ] move on to〜 171
- [ ] must 281
- [ ] myself 331

N

- [ ] name 139
- [ ] nasty 115
- [ ] next up 243
- [ ] nod off 085
- [ ] **not forget to** 128
- [ ] note 217

- [ ] notice board 127

O

- [ ] obvious 287
- [ ] **occasionally** 052
- [ ] **offer** 156
- [ ] okay 138
- [ ] on 105
- [ ] **on and off** 056
- [ ] on edge 236
- [ ] on one's own 141,351
- [ ] **once in a while** 054
- [ ] one's school days 023
- [ ] **optimistic** 212
- [ ] other way around 189
- [ ] out loud 029
- [ ] **outlook** 328
- [ ] **oversight** 378
- [ ] overtime work 257

P

- [ ] **panorama** 332
- [ ] party 157
- [ ] pass by 349
- [ ] patch up 091
- [ ] pave 353
- [ ] peculiar 169
- [ ] pee 283
- [ ] peer 361

- [ ] **perhaps** 178
- [ ] perplexing 169
- [ ] persecution 253
- [ ] phenomenon 169,181
- [ ] piece together 225
- [ ] plate 083
- [ ] platform 081,249
- [ ] pleasant 305
- [ ] plenty of ~ 313,363
- [ ] pollution 287
- [ ] population 303
- [ ] **positive** 220
- [ ] **possibly** 182
- [ ] post on ~ 127
- [ ] **practice** 179,312
- [ ] Practice makes perfect. 277
- [ ] pray 071
- [ ] presentation 105
- [ ] pretty 101
- [ ] principle 117
- [ ] **probably** 174
- [ ] **problem** 200
- [ ] process 299
- [ ] profitable 157
- [ ] program 299
- [ ] promotion 117
- [ ] pronunciation 315
- [ ] proposal 365
- [ ] **propose** 152

- [ ] pupil 311
- [ ] purchase 125
- [ ] pure 349
- [ ] put 167
- [ ] **put up with** 250

Q
- [ ] **quarrel** 043, 090
- [ ] **quit** 120
- [ ] quite 017

R
- [ ] racial 253
- [ ] raise 255
- [ ] rather 191
- [ ] reach 115
- [ ] realize 117, 121
- [ ] recall 081
- [ ] recommend 329
- [ ] records 133
- [ ] refreshing 329
- [ ] relieve 213
- [ ] remain 305
- [ ] remark 213
- [ ] **remember to** 126
- [ ] remittance 203
- [ ] **repercussion** 294
- [ ] reply with ~ 365
- [ ] **restless** 084
- [ ] result 107
- [ ] return 125
- [ ] revive 329
- [ ] risky 167
- [ ] **robust** 368
- [ ] **rose-colored glasses** 218
- [ ] rough 047
- [ ] row 277
- [ ] rumor 239
- [ ] rush 381

S
- [ ] **Same here.** 192
- [ ] sarcastic 293
- [ ] save 129
- [ ] scary 047
- [ ] **scenery** 324
- [ ] see [人] ～ing 085
- [ ] see [人] off 183
- [ ] **sensitive** 014
- [ ] serious 287
- [ ] set up ～ 127
- [ ] severe 253
- [ ] sick in bed 019
- [ ] side effect 287
- [ ] **sidetrack** 030
- [ ] silent volcano 303
- [ ] silly 091
- [ ] sink 217

- ☐ slack 215
- ☐ **slip** 380
- ☐ slump 295
- ☐ slurp 191
- ☐ solution 151
- ☐ **sometimes** 050
- ☐ spat 092
- ☐ spelling 317
- ☐ spirit 329
- ☐ spit 249
- ☐ split 207
- ☐ spoil 043,121
- ☐ **squabble** 094,201
- ☐ stand 248
- ☐ **steaming** 068
- ☐ **stick to it** 102
- ☐ sticky 255
- ☐ still 057
- ☐ strain 179
- ☐ strange 039
- ☐ **strong** 360
- ☐ struggle with ～ 193
- ☐ stuff 189
- ☐ stunning 333
- ☐ subconscious 163
- ☐ sue [人] for ～ 177
- ☐ suffer 295
- ☐ **suggest** 158
- ☐ sunny-side up 093
- ☐ supposedly 303
- ☐ **surrender** 116

T

- ☐ take 129,221
- ☐ take [A] with [B] 141
- ☐ take care in ～ing 017
- ☐ take the lead 231
- ☐ task 229
- ☐ teens 317
- ☐ tell off 029
- ☐ temperament 251
- ☐ **That's it.** 190
- ☐ **That's right.** 186
- ☐ **think up** 154
- ☐ **thin-skinned** 020
- ☐ threat 291,295
- ☐ threatening 237
- ☐ through 219
- ☐ **throughout** 304
- ☐ time and again 033
- ☐ tired of ～ 085
- ☐ **tolerate** 256
- ☐ total 225
- ☐ **touchy** 022
- ☐ **tough** 362
- ☐ **train** 310
- ☐ **travel** 038
- ☐ treat 143

- ☐ trial 213
- ☐ tricky 031
- ☐ **trip** 040
- ☐ **trouble** 202
- ☐ try 101
- ☐ turbulence 241
- ☐ turn one's back on～ 353
- ☐ type 239

U
- ☐ uncontrollable 059
- ☐ under age 201
- ☐ **understand** 166
- ☐ **uneasy** 240
- ☐ unprized 121
- ☐ **upbeat** 216
- ☐ upset 059
- ☐ up-to-date 133
- ☐ utmost 019

V
- ☐ value 289
- ☐ various 281
- ☐ vase 083
- ☐ **verify** 268
- ☐ view 326
- ☐ **voyage** 044, 291

W
- ☐ walk away from～ 361
- ☐ weary 103
- ☐ **whole** 298
- ☐ whole picture 225
- ☐ **Why not?** 142
- ☐ windpuffs 313
- ☐ **with you** 170
- ☐ wobbly 241
- ☐ work 109, 165
- ☐ **work at** 316
- ☐ **work out** 228
- ☐ **wrathful** 070

Y
- ☐ yearly 307
- ☐ **yield** 118
- ☐ **You can say that again.** 194
- ☐ **You got it.** 188

1日1分！英単語

一〇〇字書評

切り取り線

購買動機（新聞、雑誌名を記入するか、あるいは○をつけてください）		
□ （　　　　　　　　　　　　　　　）の広告を見て		
□ （　　　　　　　　　　　　　　　）の書評を見て		
□ 知人のすすめで	□ タイトルに惹かれて	
□ カバーがよかったから	□ 内容が面白そうだから	
□ 好きな作家だから	□ 好きな分野の本だから	

●最近、最も感銘を受けた作品名をお書きください

●あなたのお好きな作家名をお書きください

●その他、ご要望がありましたらお書きください

住所	〒				
氏名			職業		年齢
新刊情報等のパソコンメール配信を 希望する・しない		Ｅメール	※携帯には配信できません		

あなたにお願い

この本の感想を、編集部までお寄せいただけたらありがたく存じます。今後の企画の参考にさせていただきます。Eメールでも結構です。

いただいた「一〇〇字書評」は、新聞・雑誌等に紹介させていただくことがあります。その場合はお礼として特製図書カードを差し上げます。

前ページの原稿用紙に書評をお書きの上、切り取り、左記までお送り下さい。宛先の住所は不要です。

なお、ご記入いただいたお名前、ご住所等は、書評紹介の事前了解、謝礼のお届けのためだけに利用し、そのほかの目的のために利用することはありません。またそのデータを六カ月を超えて保管することもありませんので、ご安心ください。

〒一〇一―八七〇一
祥伝社黄金文庫編集長　萩原貞臣
☎〇三（三二六五）二〇八〇
ohgon@shodensha.co.jp

祥伝社黄金文庫　創刊のことば

「小さくとも輝く知性」——祥伝社黄金文庫はいつの時代にあっても、きらりと光る個性を主張していきます。

真に人間的な価値とは何か、を求めるノン・ブックシリーズの子どもとしてスタートした祥伝社文庫ノンフィクションは、創刊15年を機に、祥伝社黄金文庫として新たな出発をいたします。「豊かで深い知恵と勇気」「大いなる人生の楽しみ」を追求するのが新シリーズの目的です。小さい身なりでも堂々と前進していきます。

黄金文庫をご愛読いただき、ご意見ご希望を編集部までお寄せくださいますよう、お願いいたします。

平成12年（2000年）2月1日　　　　　　祥伝社黄金文庫　編集部

1日1分！ 英単語　ニュアンスが決め手！ ネイティブならこう使う

平成17年6月20日　初版第1刷発行
平成19年4月10日　　第7刷発行

著　者　　片岡文子
発行者　　深澤健一
発行所　　祥伝社
　　　　　東京都千代田区神田神保町3-6-5
　　　　　九段尚学ビル　〒101-8701
　　　　　☎ 03（3265）2081（販売部）
　　　　　☎ 03（3265）2080（編集部）
　　　　　☎ 03（3265）3622（業務部）

印刷所　　萩原印刷
製本所　　ナショナル製本

造本には十分注意しておりますが、万一、落丁、乱丁などの不良品がありましたら、「業務部」あてにお送り下さい。送料小社負担にてお取り替えいたします。

Printed in Japan
© 2005, Fumiko Kataoka

ISBN4-396-31379-9　C0182
祥伝社のホームページ・http://www.shodensha.co.jp/

祥伝社黄金文庫

シグリッド・H・塘
アメリカの子供はどう英語を覚えるか

アメリカ人の子供も英語を間違えながら覚えていく。子供に戻った気分で、気楽にどうぞ。

浜野克彦
お母さんが教える子供の算数

学校に任せていられない〝算数好き〟になるコツ、10点アップの方式、教えます。

日本速読協会編著
「1冊を1分」のスーパー速読法

速読ブームの火つけ役となった一冊、待望の文庫化。すでに3万人が体験している〝奇跡〟の世界!

和田秀樹
お金とツキを呼ぶちょっとした「習慣術」

〝運を科学的につかむ方法〟は存在する! 和田式「ツキの好循環」モデルとは?

和田秀樹
人づきあいが楽になるちょっとした「習慣術」

上司、部下、異性、家庭…とかく人間関係は難しい? もう、悩まなくていいんです。

和田秀樹
頭をよくするちょっとした「習慣術」

「ちょっとした習慣」で能力を伸ばせ!「良い習慣を身につけることが学習進歩の王道」と渡部昇一氏も激賞。

祥伝社黄金文庫

佐藤絵子 **フランス人の気持ちいい美容生活**
いま〈あるもの〉だけで、こんなに美しくなれる！ 高級コスメに負けない素敵なアイディアを満載。

佐藤絵子 **フランス人の手づくり恋愛生活**
愛にルールなんてない。でも、世界に一つの〈オリジナル・ラブ〉はこんなにある！

佐藤絵子 **フランス人の贅沢な節約生活**
いま〈あるもの〉だけでエレガントに、幸せに暮らせる！ パリジェンヌの「素敵生活」のすすめ。

斎藤茂太 **いくつになっても「好かれる人」の理由**
「人生60％主義」でいこう！ 毎日をイキイキ過ごす、今日から楽しくなるちょっとしたコツ。

斎藤茂太 **絶対に「自分の非」を認めない困った人たち**
「聞いてません」と言い訳、「私のせいじゃない」と開き直る「すみません」が言えない人とのつき合い方。

斎藤茂太 **いくつになっても「輝いている人」の共通点**
今日から変われる、ちょっとした工夫と技術。それで健康・快食快眠・笑顔・ボケ知らず！

祥伝社黄金文庫

桂　枝雀　落語で英会話

コミュニケーションの極意はアクションと情にあり！　英語落語の第一人者が教える英会話の真髄。

神辺四郎　超難問196で身につく日本語力

あかんべぇ、ありきたり、ぼちぼち、うっかる、むくれる…漢字にすると本当の意味と語源が見えてくる！

神辺四郎　どんとこい漢字

偏（へん）と旁（つくり）の大原則を理解すれば難読語もスラスラ読める。『漢字の名人（全3巻）』の総集問題付き。

神辺四郎　漢字の名人（奥伝編）

ベストセラーの第三弾！　本書は超難解読語を集めた〝決定版〟というべき一冊。マスターすれば漢字博士。

神辺四郎　二代目・漢字の名人

ベストセラー『漢字の名人』の第二弾！　間違って覚えたまま、人前で得々と話して恥をかかないために。

神辺（こうのべ）四郎　漢字の名人

日常生活で用いられる、いわば日本語表現の「決まり文句」で、誤用、誤読しがちなものを網羅した一冊。

祥伝社黄金文庫

中村澄子　1日1分レッスン！ TOEIC Test 〈ステップアップ編〉

高得点者続出！ 目標スコア別、最小の努力で最大の効果。音声ダウンロードもできます。

中村澄子　1日1分レッスン！ TOEIC Test

出ない単語は載せません。耳からも学べる、最小にして最強の単語集。1冊丸ごとダウンロードできます。

中村澄子　1日1分レッスン！ TOEIC Test 英単語、これだけ

日本語訳は似ているのに、実はまるで違う単語。ニュアンスがわかれば、使える語彙は増える。

片岡文子　1日1分！ 英単語 ちょっと上級

志緒野マリ　たった3ヵ月で英語の達人

留学経験なし、英語専攻でもなし。たった3カ月の受験勉強で通訳ガイドになった著者の体験的速習法。

志緒野マリ　これであなたも英会話の達人

ベテラン通訳ガイドが「企業秘密」を初公開！ 外国人と会話を楽しむワザが笑いながら身につく。

志緒野マリ　今度こそ本気で英語をモノにしたい人の最短学習法

本気でやろうと思う人にだけ、「本当に価値ある方法論」をお教えしたい。

祥伝社黄金文庫

石田 健　1日1分！　英字新聞

超人気メルマガが本になった！"生きた英語"はこれで完璧。最新英単語と文法が身につく。

石田 健　1日1分！　英字新聞Vol. 2

「早く続編を！」のリクエストが殺到した『1日1分！英字新聞』第2弾！〈付録〉「英字新聞によく出る英単語」

石田 健　1日1分！　英字新聞Vol. 3

最新ニュース満載。TOEIC、就職試験、受験によく効く「英語の特効薬」ができました！

石田 健　1日1分！　英字新聞Vol. 4

最新ニュースがサクサク読める！「継続は力なり！」が実感できる！バラエティに富んだ120本の記事。

中村澄子　1日1分レッスン！　TOEIC Test

力をつけたい人はもう始めている！噂のメルマガが本になった！短期間で点数アップ！

中村澄子　1日1分レッスン！　TOEIC Test〈パワーアップ編〉

「試験開始！」その直前まで手放せない。最小にして最強の参考書、今年も出ました！　新テストに対応。